RÉPONDRE
À LA CRISE DÉMOCRATIQUE

DU MÊME AUTEUR

L'Heure des choix. Pour une économie politique (avec Pierre Moscovici), Odile Jacob, 1991.
L'Élu et son peuple, Balland, 1993.
Devoirs de vérité. Dialogue avec Edwy Plenel, Stock, 2006.
Droit d'inventaires. Entretiens avec Pierre Favier, Seuil, 2009.
Le Rêve français. Discours et entretien (2009-2011), Privat, 2011.
Un rêve français. Ces petites choses auxquelles je crois, Jacob-Duvernet, 2011.
Discours du Bourget et autres discours de la campagne présidentielle, L'Harmattan, 2012.
Changer de destin, Robert Laffont, 2012.
Dialogue sur la politique, la gauche et la crise, L'Aube, 2012.
Dialogue sur la politique, la gauche et la crise (avec Edgar Morin), L'Aube/Le Monde, 2012.
Le Discours du Rond-Point, Éditions Fondation Jean-Jaurès, 2016.
Les Leçons du pouvoir, Stock, 2018 ; Le Livre de poche, 2019.

François Hollande

RÉPONDRE À LA CRISE DÉMOCRATIQUE

Entretiens

Fayard

Couverture : Le Petit Atelier

ISBN : 978-2-213-71651-0

Dépôt légal : octobre 2019

Préface

Qui peut nier le malaise qui s'est installé dans la démocratie ? Il n'est pas une singularité française. Les États-Unis, comme souvent, en sont l'expression la plus criante et la plus désolante, avec un Président qui provoque, mais aussi bouscule les institutions, lesquelles ne donnent plus les garanties qui, jusque-là, avaient préservé ce grand pays des crises les plus graves.

En Europe, les extrémistes font vaciller les régimes parlementaires qui paraissaient les plus robustes. Ils prétendent au pouvoir, comme en Italie, et, quand ils ne l'occupent pas, ils perturbent la formation des gouvernements, comme en Belgique, en Suède ou en Espagne. Au Royaume-Uni, la bataille sur le

Brexit a fini par mettre à l'écart le Parlement britannique, pourtant jugé le plus puissant du monde, et a exacerbé les passions nationalistes, et demain séparatistes, en faisant surgir de nouveaux acteurs politiques, hors des conservateurs et des travaillistes.

À l'est de l'Europe, l'indépendance de la justice et la liberté sont de plus en plus mises en cause, sans conséquences majeures sur les gouvernements qui se livrent à de tels excès.

Partout, les grands partis de gouvernement reculent, tantôt au bénéfice de forces nouvelles comme les écologistes ou les libéraux, tantôt au profit de formations politiques construites autour de leaders surgis de nulle part.

Partout, les citoyens expriment leurs exaspérations face aux lenteurs, à la lourdeur et à l'impuissance des gouvernements devant les défis les plus urgents (réchauffement climatique, immigration, commerce international) et portent des exigences de transparence, de participation et d'action qui ne trouvent pas toujours des formes d'expression pacifiques !

Partout, la défiance se cristallise sur les élus, leur nombre, leur place, leurs conditions, leurs résultats, et sur le régime démocratique lui-même, qui n'est plus considéré comme le seul possible ou le meilleur de tous, mais est regardé comme un élément d'un système global et uniforme que beaucoup se disent prêts à rejeter.

D'où l'abstention et la prolifération des partis thématiques (parti des retraites ici, « pirates » ailleurs ou animalistes...).

Il en est même qui, au nom de la survie de la planète, appellent à instaurer une forme de dictature de salut public pour sauver l'espèce humaine ou à transgresser les règles démocratiques pour protéger l'identité, prévenir l'immigration et préserver les valeurs chrétiennes !

Certains vont jusqu'à vanter la supériorité de la Chine ou de la Russie dans le concert des nations, dont l'avantage majeur serait de ne pas être embarrassées par les contraintes des élections et du pluralisme, et ainsi d'être assurées du temps long quand les gouvernements démocratiques sont soumis à la précarité, aux alternances, aux humeurs des opinions publiques, et donc se révèlent incapables d'agir dans la durée et d'être éclairés par une vision stratégique.

La France n'échappe pas à ce mouvement général. Elle l'a même précédé. C'est dans notre pays que, au milieu des années 1980, l'extrême droite a jailli quand la plupart des démocraties occidentales pensaient en avoir fini avec ce péril. C'est ainsi que cette même extrême droite s'est installée durablement au point d'accéder au dernier tour de l'élection présidentielle dès 2002. C'est en France que les mouvements de protestation ont pris des formes massives à travers des mobilisations de rue, des violences urbaines ou des grèves. C'est chez nous que le déclin des grands partis a été le plus précoce et qu'un référendum a été perdu en 2005 sur la question européenne, malgré un consensus assez large des formations politiques. C'est enfin dans notre pays que l'adhésion aux grandes structures politiques, et surtout à leurs représentants, est l'une des plus faibles en Europe.

Cette réalité a été longtemps occultée par l'apparente stabilité que confère à nos institutions la Ve République. La place prééminente du président de la République et son élection au suffrage universel, la discipline majoritaire au sein de l'Assemblée nationale, le poids des partis politiques dominants ont pu donner l'illusion que le système tenait bon, à mesure que la succession des alternances lui procurait la souplesse et la fluidité nécessaires à travers les changements de personnel politique. Pourtant, les signes avant-coureurs d'une insatisfaction étaient perceptibles : le coup de grisou de 2002, le choc du référendum de 2005, la montée continue de l'abstention et du vote blanc, les querelles incessantes au sein des partis de gouvernement, la multiplication des affaires touchant le sommet de l'État et les difficultés pour la justice d'agir en toute indépendance.

Pour y faire face, chaque Président a cru pouvoir moderniser nos institutions et apporter des garanties aux citoyens : François Mitterrand avec les lois de financement de la vie politique, Jacques Chirac avec le quinquennat, Nicolas Sarkozy avec la révision constitutionnelle de 2008 supposée valoriser le Parlement et accorder des droits nouveaux aux citoyens. Moi-même avec la législation sur la transparence, la lutte contre la corruption, le non-cumul des mandats, l'indépendance de la justice. Mon successeur Emmanuel Macron avec une loi sur la confiance mettant un terme à certains abus de parlementaires.

Toutes ces évolutions avaient leur sens et leur fondement, mais elles n'ont pas changé profondément la relation entre le pays et ses représentants, ni véritablement réduit le malaise dans la démocratie.

Tout semble même s'être accéléré, comme si la multiplication des réformes de toutes sortes stimulait encore la demande de changement. Le « dégagisme » professé par beaucoup en 2017 est né de cette exaspération-là. Mais il n'a pas de limite et se retourne forcément contre ses auteurs dès lors qu'ils ont pris la place. Un Président tout neuf reste un Président comme les autres. Un gouvernement des meilleurs ne devient pas le meilleur des gouvernements. L'Assemblée nationale peut être entièrement renouvelée, le fond antiparlementaire ne fait pas la distinction entre les nouveaux et les anciens.

Le quinquennat, qui a réduit encore l'horizon, a une part de responsabilité dans cette décomposition, d'autant qu'il s'est conjugué avec l'immédiateté de l'information et la mise en équivalence générale des opinions produites par les réseaux sociaux.

Les menaces qui pèsent sur la démocratie ici comme ailleurs appellent des réponses fortes à la mesure du danger qui grossit. Elles sont d'abord politiques et tiennent au contenu des propositions des partis, à leur capacité à soulever des espoirs crédibles et à porter des solutions à la hauteur des peurs qui s'emparent de nos sociétés, notamment dans la jeunesse. Elles supposent des formes efficaces et concrètes d'action qui redonnent une légitimité et une attractivité aux organisations démocratiques. Elles appellent des alliances qui se constituent autour des urgences à régler plutôt que des places à occuper. Bref, elles réclament une nouvelle donne politique où les clivages puissent apparaître clairement sur l'essentiel et où les contradictions puissent enrichir le débat tout en asséchant la source du populisme, c'est-à-dire en réintégrant les classes populaires dans l'arc républicain.

Mais les réponses sont aussi institutionnelles. Je ne prétends pas que les procédures constitutionnelles règlent, par une espèce de magie, les défauts et les failles d'un système politique obsolète, mais elles contribuent à modifier les comportements des responsables publics, à rendre lisibles et rapides leurs décisions, à favoriser les compromis plutôt que les affrontements et à redonner confiance aux citoyens dans leurs représentants.

Qui peut contester que la Ve République a changé le système politique qui prévalait jusque-là ? Et souvent les mêmes acteurs ont pu jouer une partition différente de celle qu'ils avaient adoptée dans le régime précédent. En premier lieu François Mitterrand, qui a compris le parti qu'il pouvait en tirer.

Il faut reconnaître bien des mérites à la Constitution de 1958 révisée en 1962, et notamment celui d'avoir assuré la stabilité dans une période particulièrement longue et marquée par une succession d'épreuves de toute sorte. Elle est, à tort ou à raison, jugée responsable de la rupture civique qui s'est élargie ces dernières années et de la crise de la représentation qui s'est traduite par la décomposition d'un système sans la reconstitution d'un autre. Elle n'apparaît plus comme une protection, mais comme un problème. Au-delà, c'est de notre avenir qu'il est question.

Conscient de la gravité de l'enjeu, j'ai voulu mettre mon expérience de président de la République au service de cette réflexion. J'ai pu moi-même faire le constat des ambiguïtés et des contradictions de notre Constitution. Elle tente de plus en plus mal de conjuguer le régime parlementaire avec une dérive présidentialiste qu'amplifie le quinquennat. Loin d'ajouter les avantages de l'autorité et de la responsabilité, ce mélange des genres aboutit à une confusion au sein de l'exécutif, avec la dyarchie Président-Premier ministre, et à une concentration excessive des pouvoirs au détriment du Parlement. Elle conduit la majorité à l'Assemblée nationale à un dilemme impossible : la loyauté jusqu'au bout ou la fronde jusqu'à sa perte.

J'ai également pu mesurer les effets du quinquennat et de l'inversion du calendrier électoral, qui donne de la cohérence et de l'harmonie, mais qui crée l'illusion de la suprématie et de l'adhésion produite par la victoire.

Et si la personnalisation du pouvoir, avec la communication qui lui est liée, est nécessaire et même impérieuse dans une démocratie, elle a pris des formes et des expressions qui, loin d'influencer le citoyen, stimulent sa colère.

Tout remonte au chef de l'État, alors qu'il ne devrait se préoccuper que de l'essentiel. Il est responsable de tout alors que, contrairement à l'idée reçue, il ne décide pas de tout. D'où une mise en cause personnelle qui, loin d'asseoir son autorité, révèle sa fragilité. Et si le Parlement dispose de pouvoirs étendus, bien au-delà du vote de la loi, pour contrôler, enquêter et alerter, le fait majoritaire et la contrainte qui pèse sur son propre calendrier en limitent considérablement l'influence et le rôle aux yeux des Français. D'où une récurrente contestation du travail des députés et des moyens mis à leur disposition. Le citoyen lui-même ne parvient pas à trouver sa place. Ses moyens d'intervention (pétition, référendum d'initiative partagée...) sont enserrés dans des conditions si strictes qu'ils en deviennent virtuels. D'où l'aspiration à une démocratie directe, voire la revendication d'un mandat impératif pour les élus que les populistes agitent sans se l'appliquer à eux-mêmes. Enfin, la centralisation demeure le mal français. Autant un État, pour être fort, doit être présent sur le territoire et mener à bien des politiques qui rassurent et rapprochent, autant cette prétention à s'occuper de tout sans disposer des ressources correspondantes est devenue insupportable pour les élus locaux et trompeuse pour les citoyens. Ce n'est pas le fameux mille-feuilles qui est le plus indigeste, c'est qu'au-dessus la dernière couche écrase plutôt qu'elle nourrit.

J'ai donc voulu, au-delà de ce constat, répondre à toutes les questions que Terra Nova entendait me poser pour en savoir davantage sur le fonctionnement des pouvoirs publics et pour connaître mes propositions susceptibles de redonner du souffle à notre démocratie et de la force à ses institutions.

Je suis conscient que bien des remèdes à la crise démocratique se situent hors de ce champ, et portent notamment sur les grandes questions économiques, sociales et territoriales dont le règlement est majeur pour garder le lien entre l'État et la nation. De même, je suis convaincu que l'enjeu climatique exigera de nouvelles formes de participation citoyenne et que notre Constitution elle-même devra intégrer des objectifs écologiques pour leur donner une force obligatoire. Mais je voulais, à travers ces échanges et ce dialogue, convaincre les Français que nous devons garder la stabilité que confère la Ve République sans rester dans l'immobilisme institutionnel. Notre pays a besoin d'autorité, mais aussi de responsabilité, de clarté, d'équilibre, de respect et d'engagement. Tel est le sens de mes propositions.

Avant-propos

Le président de la République est le garant de nos institutions. Maître des horloges, il en est aussi le premier animateur et dispose d'un pouvoir d'initiative qui peut infléchir le cours de notre démocratie de façon décisive. Son élection domine plus que jamais notre vie politique. Et ses arbitrages orientent en dernière instance l'action du gouvernement. Bref, il est à la fois l'homme du premier et du dernier mot.

Parmi ceux qui ont occupé cette fonction, bien peu se sont exprimés récemment sur l'état des institutions de la Ve République. Le débat sur ces sujets voit régulièrement s'affronter experts et observateurs, éventuellement majorité et opposition. Mais il bénéficie rarement de l'éclairage de ceux qui en ont eu la charge dans un passé proche. Leur jugement serait pourtant du plus haut intérêt. À la lumière de l'expérience qui a été la leur, quel regard portent-ils sur la Vᵉ République ? Le Parlement ? Les modes de scrutin ? Les relations entre les deux têtes de l'exécutif ? La crise de la représentation ? *Et cetera*.

Portés par cette curiosité et poussés par une inquiétude grandissante sur les difficultés de nos démocraties, nous avons proposé à François Hollande, président de la République de 2012 à 2017, de mener une série d'entretiens sur ces questions. Il en a accepté le principe et nous nous sommes vus longuement à trois reprises en février et mars 2019. Le contrat était de s'écarter autant que faire se peut du cours ordinaire des événements et des polémiques pour essayer de situer plus précisément les origines d'un malaise que l'on sent croissant, sans l'identifier tout à fait. Il ne s'agissait pas d'unir nos voix – nous divergeons sur certains points, nous convergeons sur d'autres –, mais de faire entendre une parole d'expérience sur ce qu'il faut bien nommer notre *problème institutionnel*.

Au final, cette parole déborde largement le cadre d'un simple diagnostic, et même celui d'une nouvelle réforme de la Ve République. L'ambition est ici, plus radicalement, de dessiner les contours d'un nouveau régime à la fois institutionnel et démocratique.

Ces entretiens n'avaient pas *a priori* vocation à prendre la forme d'un livre. À la lumière de leur résultat, nous nous sommes convaincus de l'intérêt de les porter à la connaissance d'un large public. Sophie de Closets a accepté de les accueillir chez Fayard. Qu'elle en soit vivement remerciée. Il nous faut également remercier Matthieu Febvre-Issaly, qui a participé à ces échanges, nous a aidés à les transcrire et nous a fait profiter de son expertise juridique sur plusieurs points.

Marc-Olivier Padis
Directeur des études de Terra Nova

Vous êtes dans la vie politique depuis de nombreuses années. Vous avez exercé le pouvoir à la tête de l'État pendant cinq ans. Quel est votre regard sur l'évolution de nos institutions ces dernières décennies ?

Les institutions doivent à la fois refléter les besoins d'une société en termes d'aspiration démocratique et donner au pouvoir les moyens d'agir conformément au mandat qu'il a reçu du suffrage universel.

La force de la Ve République a été d'assurer la stabilité et l'efficacité de l'exécutif – c'était la volonté du général de Gaulle après les déconvenues de la IVe République – sans compromettre pour autant la possibilité d'une alternance future – ce qui se révéla, en définitive, une chance pour la gauche. Nos institutions ont répondu à cette double exigence en donnant au chef de l'État la durée et la légitimité populaire, tandis que des majorités différentes se sont succédé à partir de 1981. Néanmoins, la stabilité a été obtenue, présidence après présidence, au prix d'une concentration du pouvoir au sein de l'exécutif et au détriment du Parlement (hors période de cohabitation). Dans le même temps, la Ve République, dont on vient de célébrer le soixantième anniversaire, a vu le consensus qui avait fini par s'établir autour d'elle s'étioler. Certains dénoncent la place prise par l'élection présidentielle. D'autres critiquent la lourdeur, la lenteur, l'opacité du système constitutionnel dans une période où la société réclame de l'immédiateté, de la clarté et de la transparence.

En réalité, l'évolution majeure introduite dans notre Constitution, en réponse à cette contestation, fut l'instauration du quinquennat (ce fut l'objet du référendum du 24 septembre 2000) et l'inversion du calendrier électoral, afin que l'élection présidentielle précède les législatives et que la durée des mandats coïncide. L'objectif – et je le partageais lorsque j'accompagnais Lionel Jospin, alors Premier ministre – était de prévenir les risques de cohabitation, dont le pays avait fait l'expérience à trois reprises, en 1986, en 1993 et en 1997, et d'assurer ainsi une cohérence entre les majorités présidentielle et parlementaire. Cette réforme a d'ailleurs répondu à ce qui était attendu d'elle, puisque depuis 2002 notre pays n'a plus connu de telle situation. Plus encore, l'esprit de la réforme était de garantir une assise parlementaire aussi large que possible au Président nouvellement élu, ce qui a été le cas en 2002, 2007, 2012 et 2017. Une majorité, pour ainsi dire, *produite et nourrie* par la victoire présidentielle.

Ce qui était présenté comme une modernisation de nos institutions s'est révélé une mutation profonde de notre régime. La concomitance des scrutins a contribué à abaisser un Parlement dont la Ve République avait déjà considérablement limité les initiatives et « rationalisé » les procédures. Certes, des efforts ont été engagés plus tard pour tenter de le rehausser. La révision constitutionnelle de 2008 visait ainsi à donner aux deux assemblées une plus grande liberté pour fixer leur ordre du jour alors que, jusqu'ici, le gouvernement en était le seul maître. De même, la session unique de neuf mois, introduite en 1995, avait permis aux parlementaires de siéger plus longuement et donc de voir leur travail revalorisé, alors qu'auparavant il était limité à deux sessions ordinaires d'environ trois mois chacune. Mais, à l'inverse des intentions affichées, la pression du gouvernement s'est exercée de manière plus insistante sur les députés pour qu'ils suivent le programme législatif du chef de l'État, d'où une soumission plus accablante encore, aux yeux du pays, puisque délibérément acceptée et non plus contrainte.

Parallèlement, une confusion s'est établie au sein même de l'exécutif. Le Premier ministre ne peut plus considérer qu'il procède de la majorité parlementaire, contrairement à ce que l'ambiguïté de notre régime et la lettre de la Constitution laissent penser. Sans être le « collaborateur » du chef de l'État, il en est devenu l'obligé. En outre, sa place devient de plus en plus difficile à appréhender et à comprendre pour l'opinion. Le bicéphalisme, cette dualité à la tête de l'exécutif qui distingue chef de l'État et chef du gouvernement, avait du sens avec le septennat ; elle n'a plus de raison d'être lorsque la majorité parlementaire découle directement de l'élection présidentielle et que le chef du gouvernement n'est en fait responsable que devant le chef de l'État. Surtout si, comme c'est le cas aujourd'hui, le Premier ministre n'est pas issu du groupe majoritaire à l'Assemblée nationale, ni membre du parti dont se réclament les députés élus en juin 2017. C'est d'ailleurs un cas unique sous la Ve République.

Échaudée par la triste expérience des frondeurs, dont j'ai eu moi-même à souffrir des conséquences, la majorité parlementaire actuelle fait preuve d'une discipline qui n'a pas été jusque-là prise en défaut (hors quelques comportements individuels), mais au prix d'une mise sous le boisseau des principaux états d'âme et d'un abaissement de l'Assemblée nationale, réduite non pas seulement à voter les textes du gouvernement (ce qui est dans notre République sa vocation), mais à assumer une discrétion, voire une réserve, qui renvoient hélas vers la rue l'expression des colères.

Ainsi, la stabilité institutionnelle a bien été préservée depuis 1958, mais elle s'est peu à peu conjuguée avec une instabilité politique croissante (comme en témoignent les déboires électoraux des majorités sortantes) et avec des contestations de plus en plus fortes du système représentatif lui-même réclamant des demandes de participation citoyenne de plus en plus explicites.

La situation du président de la République dans cette nouvelle donne semble paradoxale : il absorbe l'essentiel de la légitimité représentative nationale depuis 2002, et pourtant il fait face rapidement à de nombreuses contestations et à des formes d'impopularité précoce.

La vie politique ne découle pas seulement du cadre constitutionnel. Elle est aussi le fait des acteurs qui habitent les institutions, leur donnent corps et en définissent l'esprit. Or, à mesure qu'étaient modifiés le cadre de l'exercice et le temps du pouvoir présidentiel se produisait un éclatement de la représentation politique.

La Vᵉ République s'était longtemps organisée autour d'une bipolarisation entre gauche et droite, même si chaque camp connaissait des nuances et des courants, au point qu'il fut parlé, au milieu des années 1980, de « bande des quatre » pour évoquer la domination des quatre grands partis : PS et PC à gauche, RPR et UDF à droite. Ce clivage soudait les majorités et les oppositions. À partir des années 1990 sont apparus d'autres protagonistes. L'extrême droite tout d'abord, qui dès 1986 avait fait son entrée à l'Assemblée et qui a été capable de se qualifier deux fois au second tour de l'élection présidentielle, sans disposer pour autant d'un groupe parlementaire. Puis les écologistes se sont structurés autour d'un parti qui a obtenu des résultats significatifs aux élections locales et européennes. L'extrême gauche a revêtu récemment de nouveaux habits, ceux du populisme, qui l'ont sortie de la marginalité, mais aussi de toute perspective d'union. Enfin le centre, qui a longtemps peiné à se différencier des conservateurs, a trouvé en 2017 un renouveau inespéré dans le surgissement d'un candidat en la personne d'Emmanuel Macron qui a su fédérer pour attirer une partie de la droite et une fraction de la gauche, sans que l'on sache si cette expérience restera unique ou deviendra, au contraire, l'élément majeur d'une nouvelle donne politique.

Cette mutation du paysage partisan a mis au jour les ambiguïtés du scrutin présidentiel. C'est ce fait nouveau qui a déstabilisé nos institutions. Quand François Mitterrand est élu en 1981, il l'est avec 52 % des suffrages au second tour et 26 % au premier, mais c'est sur une base idéologique claire et des ralliements peu équivoques : la gauche le soutient, la droite le combat. C'est déjà moins net en 1988, alors que son score est pourtant plus élevé : 54 % au second tour et 34 % au premier. François Mitterrand en est conscient et invente la « France unie » pour ouvrir son gouvernement sans nouer formellement d'alliances au centre. Jacques Chirac, en 1995, est élu par une droite qui s'est déchirée au premier tour. Même avec une majorité écrasante à l'Assemblée, il ne réussira pas à retrouver l'unité de son camp. La dissolution de 1997 est une ultime et fatale tentative pour y parvenir. Elle infligera au Président une cohabitation de cinq ans, le privant de l'essentiel de ses capacités d'action. Il est réélu en 2002, mais par défaut, ce qui le conduira à privilégier une lecture traditionnelle des institutions peu en phase avec les impatiences du pays. En 2007 comme en 2012, Nicolas Sarkozy comme moi-même rassemblons au second tour une majorité négative, celle qui se constitue davantage pour éliminer que pour choisir. Tel est le malentendu : celui qui sort victorieux peut avoir l'illusion d'être soutenu par les suffrages qu'il réunit au second tour. En réalité, il n'est véritablement « choisi » que par ses électeurs du premier tour, et ne bénéficie au second que d'un vote de rejet de son adversaire suffisamment fort pour qu'il soit en mesure de l'emporter.

Certes, le Président est pleinement légitime et le pays le reconnaît comme tel en lui offrant une majorité parlementaire, dans un souci de cohérence, néanmoins corrigé par une abstention de plus en plus forte aux élections législatives*.

Mais le Président est confronté dans un délai plus ou moins court à une impopularité qui tient pour une part à sa personnalité et à ses choix, mais surtout à la construction même de son élection. La magie de l'élection présidentielle laisse penser que le Président est l'incarnation de la nation, alors qu'en réalité il est, dès le début de son mandat, minoritaire dans le pays. Ce ne fut pas le cas pour Charles de Gaulle et Georges Pompidou, qui recueillaient près de 45 % des suffrages au premier tour, mais cette assise n'a cessé de se rétrécir ensuite (32 % pour Valéry Giscard d'Estaing en 1974, 26 % pour François Mitterrand en 1981, 20 % pour

* L'abstention aux élections législatives était d'environ 30 % en 1993 et 1997. À la suite de la réforme de 2000 (quinquennat et inversion du calendrier électoral), elle monte à 39,7 % au second tour de 2002, à 40 % en 2007, à 44,6 % en 2012, pour culminer à 57,4 % au second tour de 2017. (*N.d.É.*)

Jacques Chirac en 1995 comme en 2002, 31 % pour Nicolas Sarkozy, 28 % pour moi-même et 24 % pour Emmanuel Macron), tant et si bien qu'aujourd'hui la majorité politique ne reflète en rien la majorité sociologique du pays.

Chaque Président devrait en avoir conscience, mais la victoire ne conduit pas nécessairement à la lucidité et rien ne le pousse à rechercher une coalition. L'esprit de nos institutions l'incite au contraire à se satisfaire de l'effet de lumière de son succès électoral et de l'ampleur de sa majorité parlementaire nouvellement acquise. En 2012, je n'ai moi-même pas cherché à élargir jusqu'au centre l'alliance construite entre le PS et les Verts, c'est-à-dire à imposer à ma propre famille politique de réserver des circonscriptions lors des législatives au MoDem, qui pourtant s'était prononcé en ma faveur au second tour de la présidentielle. Emmanuel Macron s'est également refusé à gouverner avec d'autres partis que le sien, hors le MoDem. Il a préféré, comme d'autres avant lui, s'ouvrir à des personnalités plutôt qu'à des forces politiques, s'employant même à détruire, non sans efficacité, ces dernières. Il est vrai qu'elles ont contribué par leur propre comportement à la réalisation de ce projet, mais sans disparaître pour autant, comme en témoignent leurs réseaux d'élus à travers le territoire.

Cette configuration fait de la France un pays singulier en Europe. Lorsque je siégeais au Conseil européen, j'observais la situation dans laquelle se trouvaient mes collègues sur le plan politique. J'étais frappé de constater qu'ils étaient tous le produit d'une large coalition. En 2013, Angela Merkel, dont le parti venait de recueillir 41,5 % des voix aux élections législatives, avait formé un gouvernement avec les sociaux-démocrates, lesquels avaient réuni près de 26 % des suffrages, ce qui lui donnait une assise électorale de plus de 65 %. Le scrutin proportionnel oblige, il est vrai, à de tels regroupements. Ce n'est pas le cas dans notre pays, et la base politique de l'exécutif en est réduite d'autant. Il demeure que ce qui fait la force de la position de la France en Europe, c'est qu'elle est incarnée par un Président dont tous ses partenaires savent qu'il est là pour cinq ans et que sa longévité ne tient ni à la solidité ni à la faiblesse de sa majorité parlementaire, ni encore aux sondages, mais à notre Constitution.

Face à votre propre majorité, pourtant, vous avez utilisé à deux reprises l'article 49-3 de la Constitution, c'est-à-dire l'article qui permet d'adopter un projet de loi sans passer par le Parlement, sauf si une motion de censure est votée dans les vingt-quatre heures. Pensez-vous qu'il faudrait utiliser cet article plus souvent, ou qu'il s'agit d'une rationalisation du Parlement qui l'affaiblit au point de le neutraliser ?

L'article 49-3 a été, originellement, conçu comme le moyen pour le Premier ministre de faire adopter un texte sans vote du Parlement et de discipliner sa majorité, qui, s'il advenait qu'elle fasse défaut, provoquerait mécaniquement la chute du gouvernement. Il est en réalité devenu l'arme ultime du Président pour imposer ses choix. Sans cette procédure, j'aurais dû renoncer à la loi Macron et à la loi Travail. Dans les institutions telles qu'elles fonctionnent aujourd'hui, le 49-3 sert à rappeler à la majorité parlementaire qu'elle n'est là que parce qu'elle procède du Président. C'est donc l'ensemble du système, y compris le mandat du chef de l'État, qui serait remis en question si une motion de censure était adoptée. Car, avec le quinquennat, la dissolution de l'Assemblée laisserait, en cas de désaveu par le corps électoral, peu de chances au Président pour demeurer en place. La tentation de le contraindre à se démettre serait en effet forte. La droite n'avait pas osé le faire en 1986 dans le cadre du septennat, pas plus que la gauche en 1997. Mais qu'en serait-il aujourd'hui ? Voilà pourquoi, en l'état de nos institutions, le 49-3, déjà limité dans son usage, reste à mes yeux indispensable afin de mettre, sur de graves questions, le Parlement devant ses responsabilités. Pour ce qui me concerne, j'ai pris seul la décision d'y recourir. Chaque fois, les évaluations qui m'étaient communiquées par le Premier ministre et le président du groupe parlementaire me laissaient penser que, sans cette menace, les textes n'auraient pas été adoptés.

Affaibli par le passage au quinquennat et l'alignement des mandats, régulièrement soumis à la procédure accélérée, « discipliné » par l'usage du 49-3... Le Parlement et, plus largement, la culture parlementaire semblent bien malmenés. Tout cela ne finit-il pas par fragiliser la cohésion de la majorité et par attiser les mouvements de fronde, comme celui que vous avez pu connaître ?

Oui, car la majorité n'a de choix qu'entre la soumission et l'indiscipline. La fronde telle que je l'ai connue n'était pas due à un défaut de dialogue ni à une volonté de passer en force, mais à une vraie divergence sur la politique économique à conduire – ce qui rendait le compromis difficile à atteindre, sauf à abdiquer moi-même mes intentions réformatrices.

Dans le passé, François Mitterrand et même Lionel Jospin, dans un autre contexte institutionnel, avaient pu connaître ce type de résistance sur un texte (sur l'amnistie des généraux pour le premier, ou sur la ratification du traité d'Amsterdam pour le second), mais le principe majoritaire et la solidarité politique avaient pu sauvegarder la cohésion. Sous mon quinquennat, le Parti socialiste n'était plus en état de maintenir cette règle de comportement, pas plus que cet esprit collectif. Le mouvement La République en marche, par la faiblesse et l'hétérogénéité de la composition de son groupe, n'en a pas été davantage capable sur la ratification du traité CETA, mais il a su éviter qu'une fronde organisée se constitue. Il est vrai que l'expérience de la précédente ne s'est guère révélée concluante pour les intéressés.

Alors que le fait majoritaire donne aujourd'hui au vainqueur de l'élection présidentielle l'essentiel du pouvoir politique, on a l'impression que les contre-pouvoirs se sont déplacés : ils semblent se situer moins du côté du Parlement que du côté de l'Union européenne, du Conseil constitutionnel, des autorités administratives indépendantes...

Ces contre-pouvoirs sont en réalité relatifs et limités. Le Conseil constitutionnel peut, certes, empêcher une disposition législative d'entrer en vigueur, mais il sait bien que son pouvoir de censure, s'il était utilisé abusivement, justifierait sa mise en cause au nom du refus d'un « gouvernement des juges ». Aussi, à mesure que sa saisine a été élargie et que son domaine d'intervention a été étendu, le Conseil constitutionnel, dans sa grande sagesse, s'est résolu à avancer avec prudence sur les textes les plus emblématiques (Mariage pour tous, laïcité...), sauf quand l'essentiel fut en jeu en matière de libertés. Au demeurant, le pouvoir en place peut toujours tenter de contrecarrer les effets d'une décision du Conseil en révisant la Constitution. Il le fit en 1993 sur le droit d'asile*. Il disposait néanmoins d'une majorité parlementaire à l'Assemblée et au Sénat pour le faire. Occurrence qui est devenue exceptionnelle depuis 2008.

La Cour des comptes, dont les rapports peuvent être craints pour leur impact sur l'opinion publique – toujours sensible à la question du bon usage des deniers publics –, joue un rôle plus dissuasif que répressif et reste peu utilisée par le Parlement, qui a pourtant pour mission constitutionnelle d'évaluer les politiques publiques. Quant aux autorités administratives indépendantes, de leur côté, elles peuvent prendre des décisions qui effectivement encadrent l'exécutif et le freinent dans

---

* Dans une décision du 13 août 1993, le Conseil constitutionnel s'était appuyé sur le préambule de la Constitution pour censurer plusieurs dispositions d'une loi visant à maîtriser l'immigration. Il s'ensuivit une vive réaction du gouvernement d'Édouard Balladur contestant l'élargissement du champ d'intervention du Conseil constitutionnel par cette interprétation des principes fondamentaux contenus dans le préambule. Il en a conclu que seule une loi constitutionnelle pouvait dispenser la France de son obligation d'accueil. Ce qui fut fait quelques mois plus tard. (*N.d.É.*)

certaines de ses ardeurs. Je pense notamment à la Commission nationale de l'informatique et des libertés (CNIL), ou encore aux règles de fixation des prix du gaz ou de l'électricité, par exemple. Il est rare cependant que ces autorités contraignent le Président au point qu'il ne puisse mener à bien son programme, sauf s'il s'écartait des principes généraux de notre droit, ce qui constitue des garanties précieuses dans nos fragiles démocraties.

L'Union européenne, en revanche, pèse de plus en plus sur les décisions des États membres. C'est en tout cas l'image qu'elle renvoie dans l'opinion, et les responsables politiques usent complaisamment de l'argument pour se défausser sur elle. La réunion fréquente des Conseils européens, qui conduit le Président à se déplacer à Bruxelles presque tous les mois, montre à tous les citoyens que, sur nombre de questions, il ne peut agir seul. Mais, là aussi, soyons clairs : si la zone euro impose des disciplines, notamment budgétaires, celles-ci ne disparaîtraient pas pour autant si le pays recouvrait sa pleine souveraineté monétaire. N'exagérons pas la contrainte européenne. Le Président et sa majorité peuvent décider librement dans de nombreux domaines. Pour n'en citer que deux concernant mon quinquennat, « Bruxelles » n'a pas eu son mot à dire lorsqu'il s'est agi d'accorder à tous le droit de se marier, pas plus lorsque j'ai décidé d'intervenir au Mali pour empêcher un pays ami de tomber sous la coupe de l'État islamique.

Quant à la décentralisation, elle a donné aux acteurs locaux des attributions qui tantôt complètent celles de l'État, tantôt se confondent avec lui. Les élus disposent de marges d'action significatives, comme le souligne ce que l'on appelle la clause générale de compétence, qui permet aux communes comme aux régions de délibérer sur à peu près tous les sujets. J'estime néanmoins que la décentralisation est restée au milieu du gué dès lors qu'il n'est toujours pas accordé aux régions un véritable pouvoir d'adaptation des dispositions nationales à leur territoire. Ce qui complique encore la lecture de la répartition des tâches entre les collectivités et l'État, et entretient une méfiance réciproque entre les élus nationaux et locaux.

J'ajoute que le citoyen n'a pas pleinement trouvé sa place dans le champ des contre-pouvoirs. Il ne s'est pas encore pleinement investi dans la démarche de la question prioritaire de constitutionnalité. Cette possibilité, ouverte en 2008, lui donne les moyens de saisir, à l'occasion d'un procès, le Conseil constitutionnel sur la conformité des lois déjà promulguées au texte fondamental. Elle est restée jusqu'ici un instrument dans les mains de groupes organisés. Néanmoins, plus de cinq cents questions sont traitées chaque année par le Conseil, lequel veille à donner une publicité aux débats, montrant ainsi sa détermination à en faire un véritable instrument de défense des libertés. Cela justifierait que le Défenseur des droits puisse le saisir directement, élargissant ainsi le champ de son intervention.

Par ailleurs, le référendum d'initiative partagée, également ouvert en 2008 et inscrit à l'article 11 de la Constitution, obéit pour son déclenchement à des conditions qui paraissent rédhibitoires. Pour mémoire, il faut réunir un cinquième des parlementaires et un dixième des électeurs. Or il est déjà difficile de réunir un tel nombre de signataires (plus de 4,5 millions de citoyens). Et quand bien même seraient-ils tous trouvés, il suffit au Parlement de débattre du texte pour interdire définitivement la voie référendaire sur ce sujet.

Enfin, le Conseil économique, social et environnemental, bien que réformé, n'est pas devenu l'assemblée citoyenne attendue, et il a d'ailleurs été écarté de toute responsabilité lors de l'ouverture du « Grand Débat ».

Le citoyen n'a sans doute pas trouvé sa place dans l'ordre des contre-pouvoirs institutionnels. Mais il semble l'avoir trouvée sur les réseaux sociaux et, plus largement, dans l'espace public. Certains y voient, avec la multiplication des sondages et l'omniprésence des chaînes d'information en continu, l'une des manifestations de la « démocratie d'opinion ».

Une des manifestations des multiples opinions, sûrement ! Une manifestation de la démocratie, j'en doute fortement. J'admets que les réseaux sociaux ont eu le mérite dans certaines circonstances de provoquer des mouvements de contestation qui, sans eux, seraient restés marginaux ou ignorés. Ils ont parfois mis au jour des réalités dont la presse n'aurait pas forcément eu connaissance. Ils créent des liens entre citoyens qui brisent l'isolement et canalisent la frustration. De même, ils ont le mérite de faire peser sur l'ensemble des responsables, publics comme privés, des menaces qui les obligent à une vigilance de tous les instants et les contraignent à des efforts de transparence auxquels ils n'auraient pas spontanément consenti. Ces progrès se paient cependant d'un prix élevé pour la démocratie. Dictature de l'instant, polémiques incessantes, suspicion généralisée à l'égard des supposés puissants, défiance envers la presse d'information, sans oublier les fausses nouvelles, les insultes couvertes par l'anonymat et la dénonciation comme mode d'expression. Bref, le tumulte plutôt que le débat et l'hystérisation des points de vue au détriment de la raison, la confusion entretenue entre une opinion et la vérité, selon la formule « Je pense, donc je sais ».

Les chaînes d'information, quand elles sont apparues, ont constitué un réel progrès pour le citoyen. Il a pu vivre « en direct » des événements auxquels il n'avait pas accès, pénétrer à l'égal d'un militant dans les congrès des partis, découvrir les grands meetings, partager l'ambiance des manifestations, assister à des violences urbaines qui lui étaient étrangères jusque-là. Mais ce choc répété des images, cette « scénarisation » du quotidien, ce feuilletonnage des incidents, ces débats continus où chaque position est mise en équivalence des autres, ces témoignages sans vérification, ces commentaires ininterrompus qui jugent, moquent et interpellent, tout cela aboutit à mettre sur la sellette le pouvoir en toute occasion et l'oblige à concevoir sa communication non plus sur la semaine, mais sur vingt-quatre heures, parfois moins, sans être sûr que la hiérarchie des informations sera respectée.

On a le sentiment que les partis ne trouvent plus leur place dans le régime et qu'une partie de ses déséquilibres vient notamment de la fragmentation de l'offre partisane. De leurs fonctions fondamentales – mettre au point une stratégie de conquête, être une instance de représentation sociale, produire des idées –, ils ne gardent que celle du choix des candidats. Et encore : les primaires les en ont partiellement dépouillés. Le dépérissement des partis est-il une fatalité ?

Je continue de défendre le rôle des partis politiques, non par tradition ou par nostalgie, mais par conviction démocratique. Ils concourent en effet à l'expression du suffrage et participent de l'exercice de la responsabilité. J'ai toujours conçu mon engagement à travers eux et j'en ai dirigé un pendant plus d'une décennie. J'ai vu l'importance de l'élaboration collective d'un programme et la force d'une organisation militante, lorsqu'elle est en mesure de se déployer. J'ai pu également constater combien il était nécessaire en République de former les citoyens, de défendre les élus, et de nourrir des débats pour élever la participation civique et le sentiment d'appartenance à la nation.

Les partis ne fracturent pas le pays. Ils lui dessinent, grâce à la palette de multiples sensibilités, un tableau d'ensemble même s'il est fait de couleurs à l'harmonie improbable. C'est ainsi que notre République s'est construite par ses conflits, ses contradictions, ses clivages, qui ont forgé une histoire commune.

Mais je suis lucide et je reconnais que la crise institutionnelle que nous traversons est d'abord celle du système partisan. J'avais vu venir l'éclatement de l'offre politique, à travers la floraison des initiatives personnelles, puis la prolifération des candidatures à toutes les élections. Je n'avais pas assez perçu les profonds changements qui affectaient les missions traditionnelles des partis : leur présence sur le territoire s'est faite plus rare, les liens avec les citoyens se sont distendus, la formation des cadres et des élus est devenue de plus en plus gestionnaire et technique, l'élaboration des programmes a été confiée à des experts loin des adhérents, la sélection des candidats – y compris pour le scrutin présidentiel – a été soumise à une logique d'opinion...

Les partis de gouvernement ont signé leur acte de décès quand ils ont préféré recourir à des primaires plutôt que de prendre eux-mêmes la responsabilité de désigner le prétendant à la fonction suprême. Que la droite présente en 1995 pour la présidentielle deux candidats issus du même parti était déjà un signal inquiétant, même si une lecture gaulliste des institutions pouvait les conduire l'un et l'autre (Édouard Balladur et Jacques Chirac) à s'affranchir des disciplines d'appareil. Mais la véritable rupture est intervenue en 2017 parce que la droite comme la gauche ont préféré recourir à des primaires présentées comme citoyennes pour que leurs électeurs, plutôt que leurs adhérents, choisissent directement le candidat. Un tel mode de consultation était un aveu d'impuissance ! C'était admettre que, faute d'être devenus des partis de masse, ils renonçaient à fixer eux-mêmes non seulement la règle du jeu, mais le jeu lui-même. Ils devenaient les organisateurs d'une consultation, et non plus les « faiseurs de Président ».

En outre, si la primaire ouverte donne plus de légitimité que la désignation partisane, elle ne produit pas nécessairement le résultat qui correspond le mieux aux aspirations des citoyens. Pour la droite, en 2016, Alain Juppé était sans doute une personnalité plus conforme à sa sociologie que François Fillon et, pour le PS, Manuel Valls était, à cette époque, plus en adéquation avec l'électorat socialiste que Benoît Hamon. De même, je ne suis pas sûr que François Mitterrand aurait été désigné en 1981, et même en 1988, face à Michel Rocard, si une primaire citoyenne avait été organisée. Il n'en avait rien été. François Mitterrand, comme chef de parti puis comme Président sortant, avait fait valoir sa prééminence et Michel Rocard l'avait acceptée. Rien de comparable avec ce qui s'est passé au PS à la fin de mon quinquennat, mais aussi en 2011 pour ma propre désignation face à Martine Aubry, alors Première secrétaire.

Ainsi, quand à la dispersion de l'offre politique s'ajoute l'incapacité des partis à imposer par leur audience et leur autorité leur candidat et leur programme, il est assez compréhensible que des personnalités s'émancipent de toute procédure collective et viennent percuter des organisations qui n'offraient plus que des façades, lesquelles se sont d'ailleurs effondrées comme des châteaux de cartes, quand ce ne sont pas les sièges des partis eux-mêmes qui ont été vendus à l'encan.

Quant aux nouvelles formations politiques apparues au lendemain de l'élection présidentielle de 2017, elles ne sont pas sorties de la nébuleuse qui, hier, avait fait leur succès et qui, aujourd'hui, montre leurs limites aussi bien dans leur rapport avec le pays que pour leur contribution doctrinale, sans parler de leur incapacité à associer leurs adhérents à la moindre consultation sur quelque sujet ou quelque désignation que ce soit. Reste le culte du chef. Ce qui amplifie encore l'impression de soumission, voire d'invisibilité, de ces structures. Hier, le Président était issu d'un parti ; désormais, c'est le parti qui procède jusqu'à son existence même du Président. Le seul, en France, qui soit demeuré sous sa forme originelle malgré les dissidences et les scissions, c'est le Front national (devenu Rassemblement national), dont on ne doute pas que son « leader » sera, quoi qu'il arrive, candidat à l'élection présidentielle, comme son père l'avait été continûment de 1988 à 2002.

Une démocratie peut-elle vivre ainsi sans heurts, avec, d'un côté, des formations politiques aussi rétrécies et à ce point épuisées, et, de l'autre, des organisations exclusivement dédiées à une personne ? Faut-il considérer qu'elle n'a plus besoin d'intermédiaires pour durer et qu'elle peut jouer aux dés son destin à chaque élection présidentielle ? J'estime, à l'inverse de beaucoup, que l'alternance au pouvoir de partis vertébrés par des expériences gouvernementales et la permanence de clivages marqués, par l'expression de cultures différentes, est une condition indispensable pour mobiliser positivement les Français et pour que le choix lors d'un second tour de l'élection présidentielle soit compris comme la perspective d'un changement possible, et non comme l'obligation d'ériger un barrage qui apparaîtra, à la longue, de plus en plus fragile.

Nos démocraties voient se développer une réticence croissante à l'égard de la représentation. Pensez-vous que des gens qui ont de plus en plus l'occasion de donner leur avis, d'approuver, de désapprouver et de se compter, ne serait-ce que sur les réseaux sociaux, peuvent encore spontanément considérer comme légitime que quelqu'un parle à leur place et en leur nom ?

Les difficultés que connaissent nos institutions naissent d'un paradoxe. La défiance progresse alors que la pluralité politique n'a jamais été aussi grande. Dans une société apaisée, l'abstention correspond à une forme d'apolitisme. Ce phénomène avait dominé les débuts de la Ve République, avant que la bipolarisation (droite/gauche) stimule le débat dans les années 1970 et fasse monter avec une intensité jamais atteinte la participation électorale (comme en 1974, 1981 ou 1986). À partir des années 2000, avec la succession des alternances et donc des déceptions afférentes, la flamme civique s'est mise à décliner peu à peu, à mesure que la demande de participation s'exprimait plus bruyamment.

Internet a fait exploser les formes de la prise de parole. Les citoyens considèrent qu'ils ont autant le droit de faire connaître leurs opinions que les élus qui les représentent. Les réseaux sociaux ouvrent un espace illimité à leurs interventions et leur offrent un écho sans commune mesure avec la période précédente. Les lieux de débats ont quitté les marchés, les cafés et les préaux d'école, ils sont sur la Toile. Les distributions de tracts ont laissé la place aux mails et aux SMS. La propagande des partis est moins lue que les blogs des influenceurs du Net. Chacun compte ses « vu » et ses « like » comme autrefois ses voix. Les meetings pèsent peu face aux réunions virtuelles. Toutes les opinions se valent, même les pires !

Comment intégrer ces nouveaux comportements dans un cadre institutionnel où la représentation nationale doit garder le premier mot, mais a intérêt à largement consulter avant de prononcer le dernier ? Sans résoudre complètement le problème, à tout le moins est-il devenu nécessaire d'associer les citoyens à la phase de préparation de la loi, jusque-là réservée aux concertations avec les grandes organisations, et d'imaginer une élaboration « collaborative » des amendements. J'avais initié ce processus pour la rédaction de la loi sur le numérique en 2016. Cette formule n'est sûrement pas possible pour des textes techniques, mais elle l'est davantage pour des textes concernant les libertés publiques et les sujets de société. Elle ne doit pas être regardée comme une concession faite aux groupes d'influence, mais comme une façon de rétablir le lien entre les citoyens et le Parlement.

Au-delà du jeu institutionnel, on constate depuis quelques années un affaiblissement de l'autorité de l'État. Durant votre mandat, les

Bonnets rouges, mais aussi la réforme des rythmes scolaires ou le Mariage pour tous – pour ne rien dire de Notre-Dame-des-Landes – ont donné lieu à diverses manifestations d'insoumission, y compris de la part d'élus locaux. D'une certaine façon, les protestations des Gilets jaunes contre la fiscalité des carburants s'inscrivent dans la continuité de ces mouvements. On a le sentiment que, à chaque fois, des décisions dont les procédures de délibération et d'exécution sont formellement irréprochables se heurtent ensuite à de puissantes contestations qui ne laissent d'autre choix que de céder.

À mes yeux, l'autorité de l'État ne se démontre pas par le passage en force. Elle est tout le contraire d'un État autoritaire. Elle laisse place au dialogue, à la négociation et au compromis. Quand un texte ou une décision suscite une opposition massive, il est du rôle du Président d'arbitrer pour proposer une issue. Soit pour corriger le texte, soit pour y renoncer. Des reculs, il y en a eu bon nombre ces dernières années. Je pense au Contrat d'insertion professionnelle (CIP), présenté puis retiré par le gouvernement d'Édouard Balladur, ou au Contrat de première embauche (CPE), que Dominique de Villepin dut abandonner, sans oublier, pour ce qui me concerne, la constitutionnalisation de l'état d'urgence et de la déchéance de nationalité, écartée en mars 2016.

De même, il existe des domaines dans lesquels les collectivités locales disposent d'une liberté de décision qui peut entrer en contradiction avec une volonté de l'État. Je pense, par exemple, aux rythmes scolaires. Mon gouvernement était favorable à la semaine de quatre jours et demi pour les élèves de primaire. La plupart des maires y étaient réticents. Ils ont fini par revenir à quatre jours, et rien ne pouvait se faire sans leur concours. Dans ce cas de figure, l'autorité de l'État s'arrête où commence la volonté des élus. Ces reculs sont trop souvent regardés comme des humiliations ou des échecs, ce qui ne peut qu'encourager les gouvernements à tenir bon et à prétendre se tenir droit, jusqu'à la rigidité… Or l'exercice du pouvoir, c'est un compromis. Mieux vaut qu'il soit consenti que subi !

Plus préoccupante est la question de la désobéissance dans notre démocratie. Pourquoi les Gilets jaunes ont-ils obtenu, sur le pouvoir d'achat et les impôts, ce que des organisations syndicales n'étaient pas parvenues à arracher ? Est-ce le symptôme de la crise de la médiation qui s'est manifestée au point de déborder l'ensemble des acteurs sociaux et politiques ? Est-ce le soutien durable dont ce mouvement a disposé dans l'opinion ? Ou est-ce la peur que la protestation ne dégénère qui a fait céder le pouvoir ? Bon nombre de Français qui n'avaient jamais revêtu un gilet jaune ont pu obtenir le bénéfice des reculs du pouvoir sans avoir eu à sortir dans la rue. D'une certaine façon, le conflit par délégation a joué.

Reste à savoir quel a été le rôle de la violence dans la gestion de cette crise. Elle a sûrement contribué à accélérer leur prise de conscience chez les décideurs et la nécessité de fournir plus rapidement que prévu des réponses. Elle a aussi progressivement coupé le mouvement des Gilets jaunes de la majorité de la population et appelé à des solutions d'ordre. Mais, là aussi, le temps est diabolique. Il ne tolère aucun retard et n'excuse aucune précipitation.

Notre-Dame-des-Landes nous fournit un autre exemple. Alors que la décision de construire un nouvel aéroport à Nantes avait été prise conformément au droit et dans le respect des procédures prévues pour un ouvrage de cette importance, que tous les recours avaient été épuisés devant les tribunaux, qu'une longue concertation avait été ouverte et qu'une majorité s'était déclarée favorable au projet dans le cadre d'un référendum local que le gouvernement avait organisé, l'empêchement de réaliser ce chantier était réel. Des groupes d'individus et aussi des paysans s'étaient installés depuis longtemps sur la zone pour entraver le lancement de cet ouvrage. Ainsi, un grand équipement peut ne pas être engagé au regard des risques de violence que son exécution pourrait engendrer avec des affrontements susceptibles de dégénérer en blessés ou en morts. Je me suis forcément posé cette question : la réalisation d'un aéroport justifiait-elle l'ouverture d'une guérilla pendant des semaines ? Mais renoncer à un tel projet pour des raisons d'ordre public, n'était-ce pas donner raison à des groupes violents ? Cruel dilemme. Je m'en suis voulu de ne pas avoir organisé plus tôt le référendum local sur le bien-fondé de l'aéroport, car, là aussi, le temps est assassin. Plus longues sont les consultations, plus difficiles sont les conditions pour lever les objections, plus efficaces sont les obstructions et plus compliqué est l'aboutissement de l'ouvrage !

À l'inverse, s'il y a eu beaucoup plus de monde dans la rue pour s'opposer au Mariage pour tous qu'il n'y a eu de Gilets jaunes chaque samedi l'hiver dernier, le processus est allé jusqu'à son terme. Ce n'est donc pas le nombre de manifestants qui a compté dans ce cas, c'est l'adhésion majoritaire au projet de loi dans l'opinion qui a été déterminante. Et chacun avait compris que, sur ce sujet, je ne céderais pas.

Pour résumer, la détermination du Président et le soutien de l'opinion garantissent l'aboutissement. L'obstination et l'incompréhension conduisent fatalement au recul !

Dès lors que le Président est l'homme du premier et du dernier mot, celui qui à la fois choisit les orientations et tranche les controverses qu'elles suscitent, qu'il y ait un moment où l'on laisse la controverse se dérouler n'est ni inutile, ni aberrant. Or on observe aujourd'hui que le débat politique n'a plus guère le temps de vivre dans les enceintes institutionnelles. On a connu dans le passé des périodes durant lesquelles il pouvait se déployer au sein même des majorités ou du gouvernement, entre les ministres, voire entre le Président et le Premier ministre. La controverse avait lieu, on pouvait s'y retrouver et se sentir représenté par un bord ou par l'autre. Puis, éventuellement, le Président tranchait. Ce processus n'a plus vraiment lieu. Pourquoi ?

C'est un nouveau symptôme de la défaillance du système partisan. Lors des mobilisations contre le Mariage pour tous, par exemple, la droite, hostile au projet, aurait été parfaitement dans son rôle si elle avait développé ses arguments au Parlement, présenté à travers ses amendements sa philosophie, et défendu les limites qu'elle jugeait bon d'introduire à l'union des couples de même sexe. Or elle a préféré, comme lors du débat sur le PACS au début des années 2000, multiplier les manœuvres de retardement et en a appelé à la rue, ce qui a radicalisé une partie de l'opinion. La droite, d'ailleurs, en fut la première victime puisqu'elle a fini par renoncer à revenir sur cette législation, tout en continuant d'adopter des positions rétrogrades sur les grandes questions de société (comme la PMA). Elle y perdit son crédit, mais, plus grave, ce fut une nouvelle occasion perdue pour le rehaussement du rôle du Parlement.

En Europe, la formation de larges coalitions évite ce genre d'excès. Ainsi, en Allemagne, SPD et CDU, qui sont en désaccord sur bien des sujets, participent à un même gouvernement. Sans aller forcément jusque-là, la France a été incapable de donner toute sa place à la culture partisane. Rares furent les situations où ce type d'accords a pu prévaloir. Le gouvernement Jospin, appelé de « gauche plurielle », avait scellé une alliance entre plusieurs partis (au moins quatre), même si celle-ci s'arrêtait aux lisières du centre. Celui d'Édouard Philippe est un rassemblement de personnalités venant d'horizons différents, mais il n'est pas construit sur la base d'un contrat entre formations politiques. C'est une juxtaposition, pas une coalition.

Si, dans les apparences, tout paraît nouveau, rien n'a changé dans les comportements. L'affrontement entre majorité et opposition est toujours vécu comme une condition de l'unité de la première et comme une démonstration de force de la seconde. Exceptionnels sont les moments de consensus. Même pendant la terrible période des attentats sous mon quinquennat, il n'y a pas eu véritablement de trêve. C'est la faiblesse de la représentation politique qui engendre les dysfonctionnements de nos institutions, comme si les partis avaient peur de perdre leurs électeurs. À faire de la surenchère pour leur complaire, ils n'ont réussi qu'à les faire fuir ! Inutile, de ce point de vue, de chercher dans la révision de la Constitution la résolution de problèmes qui tiennent d'abord aux carences de notre système politique. C'est d'abord à lui de se réformer, ce qui ne doit pas interdire la réflexion sur l'approfondissement démocratique de nos institutions.

Vous nous avez expliqué quels étaient, selon vous, les dysfonctionnements de la Vᵉ République depuis une vingtaine d'années, notamment dans les rapports entre exécutif et législatif, et au sein même de l'exécutif. Passer à une VIᵉ République parlementaire, soit à une sorte de normalisation européenne des institutions françaises, ne serait-il pas une réponse possible ?

Changer les institutions est une décision lourde. Elle engage toute la nation. Ce qui suppose de fixer clairement les objectifs poursuivis. J'en vois trois. D'abord, clarifier le fonctionnement des pouvoirs publics, et notamment de l'exécutif. Ensuite, renforcer le Parlement, tout en garantissant l'efficacité de l'action gouvernementale. Enfin, permettre une participation plus grande des citoyens aux décisions.

Telle qu'elle est présentée par ses promoteurs, une VIe République parlementaire ne serait qu'un retour à la IVe, sans d'ailleurs que l'actuel scrutin majoritaire à deux tours lui garantisse une plus grande stabilité. Je n'oublie pas qu'en 1951 le système des apparentements avait déjà corrigé les effets de la proportionnelle intégrale de 1946. J'admets que la IVe République a été injustement traitée par l'Histoire alors qu'elle a contribué à la reconstruction de notre pays après la guerre. Mais son défaut fatal fut l'instabilité des gouvernements et leur incapacité à surmonter les crises, et plus particulièrement la guerre d'Algérie et, dans une bien moindre mesure, les révoltes fiscales (déjà !) avec l'épisode poujadiste*.

Je pense que le retour à un régime d'assemblée ne serait pas de nature à nous permettre d'affronter les épreuves de notre temps (aussi bien

* Le ras-le-bol fiscal ne date pas d'aujourd'hui. Dans les années 1950, il a pris la forme d'un mouvement auquel son chef donna son nom et qui mettait en cause l'« État vampire » au nom de toutes les professions menacées par un monde qui change. Cultivant un antiparlementarisme virulent, il envoya cinquante-deux députés à l'Assemblée nationale en 1956. Parmi eux se trouvait Jean-Marie Le Pen.

internationales qu'intérieures). Le Parlement britannique, longtemps présenté comme un modèle, est devenu un contre-exemple avec le fiasco du Brexit et son impuissance chronique à lui trouver une issue. En outre, la première conséquence serait d'en finir avec l'élection du président de la République au suffrage universel. Ce prétendu progrès serait vécu par les Français comme une régression. C'est d'ailleurs un curieux procédé que de vouloir élargir la démocratie en privant les citoyens du droit de choisir directement leur principal dirigeant. Cette VIe République est en définitive brandie par ceux qui flattent le peuple pour mieux le dessaisir d'une part de sa souveraineté. Bref, je ne crois cette proposition ni souhaitable ni possible. Et, pour tout dire, je l'estime dangereuse.

Avez-vous le sentiment que les nombreux pays européens qui connaissent un système parlementaire ont des difficultés à faire face aux épreuves que vous mentionnez ?

Oui. J'ai pu le constater au moment de la crise syrienne notamment, à l'été 2013, comme lors des mouvements migratoires de 2015 à 2018. Le système parlementaire n'est pas approprié aux décisions rapides et aux gestions d'urgence, surtout avec des majorités composites. Je l'observe aujourd'hui avec le Brexit qui, au Royaume-Uni, a fait éclater les disciplines partisanes, d'où le blocage persistant de la Chambre des communes. L'Italie, l'Allemagne, l'Espagne, la Belgique, la Suède, les Pays-Bas vivent, à des niveaux divers, un processus de fragmentation et connaissent soit des coalitions à deux, à trois, voire à quatre partis, soit des gouvernements minoritaires et, de ce fait, précaires. Le pouvoir y est fragile, car en permanence menacé. On l'a vu en Espagne avec la Catalogne, en Allemagne avec la question des réfugiés, en Italie avec l'éclatement de la coalition des extrêmes.

J'écarte donc l'argument d'un alignement de la France sur le modèle du régime parlementaire dominant en Europe. Il serait étrange, alors que nous reprochons souvent à l'Europe de vouloir nous « normaliser », d'abandonner l'exception française d'un président de la République élu au suffrage universel et disposant de pouvoirs étendus.

Avant la IVe République, il y en a tout de même eu une IIIe qui, quoique parlementaire, a plutôt bien résisté à de très graves crises...

Certes, la IIIe République a duré longtemps (près de soixante-dix ans) et le régime parlementaire a tenu bon durant la Première Guerre mondiale. Il n'a cependant pas résisté à la Seconde et a sombré à Vichy. Il est vrai que l'instabilité gouvernementale cachait une relative continuité ministérielle. Les gouvernements tombaient, les ministres restaient. La force de ce régime reposait sur un consensus républicain qui s'était affirmé au début des années 1880 et qui n'avait cessé de s'élargir. Or, dans les années 1920 et 1930, alors qu'une polarisation se manifestait de manière plus nette sur la question sociale, la IIIe République est entrée dans de graves turbulences. Le Front populaire a été confronté à une opposition qui a été de plus en plus captée par des mouvements extraparlementaires, notamment les ligues, quand Léon Blum s'efforçait de respecter les règles du parlementarisme au point de s'incliner face à un vote de défiance du Sénat ! Le pouvoir était ballotté de Charybde en Scylla, son autorité était faible alors qu'il faisait face à la montée des totalitarismes, et les combinaisons entre les partis trahissaient les alliances passées devant les électeurs. Toutes les tentatives de réformer le parlementarisme avaient lamentablement échoué, ce qui vint faire le jeu de ceux qui entendaient en finir avec le régime et avec la démocratie. Le parlementarisme a montré là toutes ses contradictions et toutes ses faiblesses. Ces écueils ont justifié bien plus tard (en 1946, puis en 1958) la volonté de Charles de Gaulle de donner à la nation des institutions solides avec comme clé de voûte le chef de l'État.

Plutôt qu'une VIe République parlementaire, certains proposent de renouer avec les équilibres de la Ve République d'avant 2000, en raccourcissant le mandat des députés et en rallongeant celui du Président. Qu'en pensez-vous ?

Cette proposition est intéressante dans la mesure où elle obligerait le Président à prendre en compte les évolutions de l'opinion durant son mandat puisque serait recréée la possibilité d'une discordance entre les majorités présidentielle et législative. Quant à la durée du mandat du chef de l'État, je suis conscient que, si le septennat était trop long, le quinquennat est trop court, alors même que l'on accorde six ans aux exécutifs locaux (maires, présidents de département et de région) pour mener à bien leur programme. Pourquoi le temps laissé à un Président devrait-il être plus court que celui consenti à un maire ?

Mais venons aux conséquences de la proposition : la différence introduite dans les rythmes des élections présidentielle et législative pourrait provoquer le retour de la cohabitation. Cette hypothèse serait corrigée par la possibilité toujours ouverte pour le Président de dissoudre l'Assemblée nationale. J'imagine qu'il l'utiliserait pour retrouver une majorité si elle lui faisait défaut, mais qu'il y réfléchirait à deux fois ! Je peux également craindre que l'éventuelle période de cohabitation lors de sa fin de mandat ne devienne pour le chef de l'État une commodité pour favoriser sa reconduction, comme ce fut le cas en 1988 et 2002 ! Pour écarter cette hypothèse, certains suggèrent que le mandat du Président ne soit pas renouvelable. Je n'y suis, pour ma part, pas favorable. Certes, un mandat unique donnerait au chef de l'État une forme d'indépendance par rapport aux humeurs de l'opinion, mais cette liberté pourrait aussi déboucher sur une grave crise avec le pays si ne subsistait plus la corde de rappel démocratique qui est la possibilité d'une réélection.

De même, le peuple doit rester libre d'assurer la concordance ou la discordance entre les majorités. La concordance a été au rendez-vous avec le général de Gaulle, Georges Pompidou et Valéry Giscard d'Estaing. François Mitterrand a, lui, fini chacun de ses deux mandats avec une majorité parlementaire qui lui était hostile. Quant à Jacques Chirac, il a vécu une cohabitation longue de cinq ans. Et si le dénouement de cette situation inédite lui a été favorable, il a été privé de l'essentiel de son pouvoir durant son premier mandat. Aussi, une temporalité électorale différente de celle d'aujourd'hui ne réglerait rien : un Président prétendument tout-puissant en cas de concordance est largement impuissant en cas de discordance ! Ce ne serait donc pas une évolution institutionnelle, mais une répétition de situations déjà vécues.

En 1986 puis en 1993, la droite a accepté de jouer le jeu de la cohabitation, de même que la gauche en 1997. Or, l'offre partisane était alors assez conventionnelle et plus structurée qu'aujourd'hui. On pourrait imaginer, comme vous le suggériez tout à l'heure, que le consen-

sus ne se fasse pas aujourd'hui et que s'ouvre alors une grave crise politique.

Oui, c'est une hypothèse sérieuse, car, pour qu'une cohabitation puisse se produire, il faut que les protagonistes en acceptent communément les règles. Elles supposent le respect par le Président du domaine d'action du Premier ministre, et le respect par le Premier ministre – et sa majorité – et sa prérogatives du Président. Mais rien ne garantit cette sagesse. Il pourrait même y avoir une crise grave, si aucune personnalité n'acceptait de répondre à l'invitation du Président pour la formation d'un gouvernement ou si l'Assemblée n'accordait sa confiance à aucune des personnes proposées par le chef de l'État. On retrouverait là un parfum de début de IIIe République, lorsque le président Mac-Mahon refusa de nommer un chef de gouvernement issu de la nouvelle majorité de la Chambre des députés*.

---

* En mai 1877, Mac-Mahon, président de la République, accepte la démission du président du Conseil républicain Jules Simon et nomme à sa place Albert de Broglie, plus à droite, suscitant l'opposition de la Chambre, dont la majorité républicaine dépose une motion de censure. Esti-

De même, le Premier ministre investi par l'Assemblée nationale pourrait décider de ne pas travailler avec le Président, ce qu'une partie de la droite suggérait déjà en 1986. À une époque marquée par la défiance, avec l'installation dans notre paysage politique de partis antisystème, on n'a guère de mal à imaginer qu'un tel blocage puisse survenir. Enfin, quand bien même un code de bonne conduite serait-il admis, rien ne dit qu'il puisse valoir jusqu'à la prochaine élection, pour les mêmes raisons. Cette situation serait source d'une grande instabilité.

Une cohabitation représente par ailleurs un risque pour le bon fonctionnement des pouvoirs publics. Je pense notamment à la prise de décisions difficiles, qu'il s'agisse d'une intervention extérieure, d'une réponse à une menace terroriste ou d'un choix majeur sur le plan européen. Elle pourrait d'ailleurs ouvrir un conflit sur l'autorité qui doit représenter la France au Conseil européen. Si Jacques

---

mant que c'est à lui de choisir le chef de gouvernement, Mac-Mahon dissout la Chambre des députés. L'élection d'une large majorité républicaine, en juin, force le président de la République à s'incliner. (*N.d.É.*)

Chirac y siégeait avec Lionel Jospin, c'est parce qu'à l'époque le chef de l'État pouvait être accompagné d'un membre du gouvernement, ce qui n'est plus le cas aujourd'hui. Le Président devrait alors veiller à déterminer sa position en étroite liaison avec le Premier ministre, au risque d'être publiquement désavoué et donc affaibli aux yeux de ses partenaires. Ce ne serait pas la position la plus enviable pour notre pays.

Si l'on exclut l'idée d'une VIe République parlementaire et celle d'un retour aux équilibres de la Ve d'avant 2000, il reste l'option du modèle américain. On le qualifie souvent de « régime présidentiel », mais il serait probablement moins présidentialiste que la République française d'aujourd'hui...

Il y a en effet un paradoxe à qualifier de présidentiel un régime qui revient à donner au Parlement une place bien plus éminente que sa position actuelle et une indépendance beaucoup plus grande qu'aujourd'hui. Quant au Président, il garderait une large capacité d'agir même si étaient supprimées les multiples procédures qui contraignent l'Assemblée nationale. Ainsi, la stabilité et l'équilibre seraient préservés et l'État pourrait affronter dans des conditions sérieuses des crises majeures. Si l'on veut une République nouvelle, c'est bien celle-là qu'il faut envisager.

Dans ce cadre, le Président ne nomme plus un Premier ministre, mais une équipe dont il est le chef. Les ministres ont des pouvoirs élargis, et le Conseil qu'ils forment continue d'élaborer des projets de loi qui seront discutés par le Parlement, à côté des propositions de loi venant des assemblées. En revanche, puisque le gouvernement n'est plus responsable devant l'Assemblée nationale, le Président perd son droit de dissolution. De même, l'article 49-3 n'a plus de raison d'être. L'exécutif ne peut donc plus faire pression sur le Parlement : il doit désormais composer avec lui. Je pense notamment aux lois de finances, dont l'adoption conditionne la mise en œuvre de la politique du pays. C'est ce qui se produit fréquemment aux États-Unis, avec l'obligation de trouver un accord dans une limite de temps.

L'avantage d'une telle séparation des pouvoirs serait à la fois la clarté dans les responsabilités et l'efficacité de l'action publique. Le Président disposerait de larges compétences qu'il exercerait en propre. Il réaliserait lui-même les arbitrages au sommet de l'administration dont il serait le chef, ce qui n'est pas le cas aujourd'hui puisque c'est constitutionnellement le rôle du Premier ministre. À l'inverse, le Parlement verrait son rôle accru, notamment sur le plan législatif et budgétaire. Le Président n'aurait en retour aucune prise sur lui, au-delà du lien politique avec les partis, et donc des parlementaires qui le soutiennent. Il deviendrait alors possible de mieux distinguer les projets de loi, provenant de l'exécutif, des propositions de loi, émanant du Parlement.

Si l'Assemblée se révélait hostile au Président, nous serions, dans cette hypothèse, dans une parfaite cohabitation ; mais elle ne se situerait pas au sein de l'exécutif (ce qui écarte *ipso facto* les risques de confusion), mais entre l'exécutif et le législatif. Le conflit ne pourrait alors se régler autrement que par la recherche d'un compromis, y compris sur les nominations, car dans un régime présidentiel l'accord du Parlement est nécessaire pour les plus hauts postes. Le Président pourrait demander une nouvelle délibération d'une loi qu'il estimerait non conforme à l'intérêt du pays, et ainsi prendre l'opinion à témoin, mais ce ne serait pas un droit de veto.

Le Président aurait la faculté, comme aujourd'hui, de saisir le Conseil constitutionnel pour qu'il juge de la conformité d'une loi adoptée par le Parlement à la Constitution, mais il pourrait aussi lui demander de régler les éventuels litiges d'attribution entre l'exécutif et le législatif. Le Conseil constitutionnel ne serait pas pour autant une Cour suprême, à l'image des États-Unis d'Amérique. Je sais la méfiance qu'inspire à juste raison un « gouvernement des juges », car nulle institution ne peut légiférer à la place des représentants élus de la nation, c'est-à-dire décider de l'opportunité d'un texte ou de sa pertinence. Mais convenons que, dans un système qui pourrait connaître des conflits entre les pouvoirs, le Conseil constitutionnel serait l'autorité la mieux à même de les trancher.

Cette nouvelle donne impliquerait de clarifier la responsabilité pénale du chef de l'État, non tant dans les motifs susceptibles de la déclencher – « manquement à ses devoirs manifestement incompatible avec l'exercice de ses fonctions* » – que concernant l'insti-

* Article 68 de la Constitution. (*N.d.É.*)

tution à même d'en juger : ce ne serait plus au Parlement comme aujourd'hui, mais au Conseil constitutionnel qui offrirait en effet davantage de garanties d'impartialité.

Le risque est alors que l'exécutif, qui ne serait plus juridiquement responsable devant le Parlement, s'oppose ou s'allie aux représentants, mais ne leur rende plus de comptes.

Pour répondre à cette objection, les ministres seraient tenus d'assister aux séances du Parlement et de prendre part aux débats. Il serait également logique que le Président puisse s'exprimer devant les assemblées, au moins une fois par an. Il assisterait au débat qui fait suite. Mais je ne considère pas qu'il ait à répondre aux injonctions des parlementaires.

Vous voulez dire que le Président ne serait pas contraint de répondre aux objections qui lui seraient opposées ?

Le problème du débat est celui de la responsabilité, c'est-à-dire d'une interpellation par les assemblées, ce qui n'est pas acceptable dans le cadre de la séparation des pouvoirs. J'imagine donc que le Président, après son allocution, puisse assister aux prises de parole des parlementaires, mais il ne serait pas tenu d'y répondre.

Parlons maintenant de l'Europe. Le système que vous appelez de vos vœux marche assez bien aux États-Unis, avec toutefois le risque de shutdown*. *Mais les États-Unis ne font pas partie d'une organisation supranationale comme l'Union européenne. Or, au sein de l'Union européenne sont discutées des politiques économiques qui ont un impact fort sur l'Hexagone…*

Dans un régime parlementaire, le chef du gouvernement reçoit un mandat pour négocier à Bruxelles ; c'est le cas par exemple en Allemagne, où la Chancelière vient d'abord devant le Bundestag avant de rejoindre le Conseil européen. Dans l'organisation que je propose, le Président ne se rendrait devant

* Aux États-Unis, lorsque les démocrates et les républicains ne parviennent pas à s'entendre sur le budget, plusieurs administrations et services fédéraux sont fermés. (*N.d.É.*)

l'Assemblée nationale que pour rendre compte des résultats du Conseil, car il doit avoir le pouvoir d'engager lui-même le pays. Rien n'interdit, par ailleurs, des résolutions votées par le Parlement sur des sujets européens.

Aux États-Unis, il y a une disjonction partielle entre l'élection du Président et celle du Congrès, l'élection des représentants étant fractionnée par moitié tous les deux ans, ce qui provoque des élections intermédiaires au cours du mandat présidentiel. Comment, dans le modèle que vous proposez, imagineriez-vous le calendrier électoral ?

Une élection fractionnée, comme aux États-Unis, présente le risque d'engendrer une certaine instabilité. Aussi, je fais la proposition d'une discordance des calendriers électoraux. Autant ce décalage me semble dangereux dans nos institutions actuelles, autant il trouverait sa place dans un régime présidentiel. Ainsi, le chef de l'État serait élu pour six ans et l'Assemblée nationale pour quatre, sans que celle-ci, je le rappelle, puisse être dissoute par le Président. En cas d'interruption du mandat de ce dernier (démission ou décès), l'Assemblée nationale devrait travailler en bonne intelligence avec le Président nouvellement élu jusqu'au prochain renouvellement législatif.

En cas de contradiction entre les majorités présidentielle et législative, sans droit de dissolution pour l'un ni possibilité de renverser le gouvernement pour l'autre, le Président et le Parlement n'auraient d'autre choix que la recherche du compromis.

Aux États-Unis, deux mois séparent l'élection présidentielle de la prise de fonction du nouveau Président. Cela lui donne le temps de préparer ses équipes et son calendrier de travail. Pensez-vous qu'il faille imiter les institutions américaines sur ce point ?

J'en suis convaincu. Aujourd'hui, il ne s'écoule que quelques jours (dix tout au plus) entre le second tour de l'élection présidentielle et la prise effective de fonction par le nouveau chef de l'État. C'est trop court. J'en ai fait moi-même l'expérience. Le temps de la formation des équipes (choix du Premier ministre, composition du gouvernement, nomination des membres du cabinet présidentiel) est réduit. D'où des risques de précipitation pour les premières décisions, des erreurs dans la sélection des bonnes personnes aux bons endroits. Ensuite, il est trop tard et il faut plusieurs mois avant de les corriger. De même, la transmission des dossiers, la prise de connaissance des sujets les plus brûlants et la préparation des réunions européennes et internationales qui se tiennent régulièrement en mai et en juin justifient également un délai de transition plus long que l'actuel. Un mois me paraît la bonne durée. Au-delà, c'est prendre le risque de laisser le Président sortant (et éventuellement battu) être confronté à des décisions lourdes pour le pays sans en avoir la légitimité.

Le risque du système que vous proposez n'est-il pas que l'institution présidentielle, avec une administration qui lui appartient, prenne une importance démesurée, et que cela renforce une personnalisation de l'élection, détachée des partis de gouvernement ? Ou encore qu'un Président, dans une situation de blocage et s'il ne peut se représenter, tente de s'imposer au-delà de son mandat initial, par exemple en poussant à une révision de la Constitution ? Il pourrait également, à l'inverse, dévoyer les vertus du décalage des mandats en démissionnant lorsque l'élection législative approche, afin que soit réinstallée une coïncidence entre les majorités.

Le régime présidentiel de 1848 a été confondu à tort avec l'Empire précisément parce que le Président, Louis-Napoléon Bonaparte, empêché de se présenter à nouveau, a commis un coup d'État pour rester au pouvoir. C'est pourquoi je suggère de maintenir la règle actuelle selon laquelle le Président ne peut exercer plus de deux mandats consécutifs. Le véritable risque pourrait venir de l'Assemblée : elle pourrait être tentée de dissuader le Président de se représenter en bloquant son action. Le chef de l'État ne serait néanmoins pas démuni. Il pourrait en appeler au peuple, par référendum.

La vie politique ne peut pas être soumise à trop de contraintes. Mieux vaut laisser une marge de liberté à la pratique au sein du jeu institutionnel plutôt que de vouloir tout graver dans le marbre. Le référendum en est une ; la démission en est une autre, avec ses risques politiques, mais aussi ses conséquences démocratiques puisqu'une nouvelle élection serait organisée dans la foulée. C'est au suffrage universel de dénouer les éventuelles crises. Il faut donc accepter que le Président puisse chercher à retrouver dans le pays une légitimité qu'il aurait perdue ou qui pourrait lui être déniée par un Parlement hostile. C'est en fait revenir à l'esprit originel de la Ve République qui conduisait le général de Gaulle à mettre régulièrement en jeu son mandat en s'adressant directement aux Français à travers la procédure référendaire. Je rappelle que, en avril 1969, il a quitté le pouvoir faute d'avoir convaincu le peuple du bien-fondé de sa réforme régionale. Laquelle était autant une vérification de sa légitimité qu'une volonté décentralisatrice. Quant à l'élection présidentielle, elle doit garder un statut particulier. C'est toujours la rencontre entre une personne et le peuple.

Le nouvel agencement institutionnel que vous proposez – sextennat présidentiel, quadriennat législatif – n'introduirait-il pas une complexité supplémentaire, laquelle, dans l'idée de gagner un peu de démocratie, pourrait faire perdre beaucoup d'efficacité ? Quelle serait la légitimité du Président durant les deux dernières années de son mandat, face à une Assemblée nouvellement élue ? Ces deux années ne seraient-elles pas celles d'une campagne électorale permanente ?

Pensez-vous que tel n'est pas, peu ou prou, le cas des deux dernières années d'un quinquennat ? Et lorsqu'un Président tente de s'en défaire et prend des décisions importantes pour le pays, mais pas forcément conformes aux vœux de son camp, il le paie en altérant sérieusement les conditions de sa réélection – je suis bien placé pour le savoir.

Admettons, mais vous aggraveriez les choses avec le duo sextennat-quadriennat. Lorsque le président sortant serait réélu, il se trouverait face à une Assemblée soumise à réélection deux ans après. Ainsi, sous les douze années d'une mandature présidentielle renouvelée, la moitié serait obérée par la préparation d'élections : les deux dernières années du premier sextennat, les deux premières du suivant préparant les législatives, et les deux ultimes.

Votre arithmétique est contestable. Car, dans l'hypothèse d'un double mandat, les deux dernières années sont sans conséquence pour l'avenir du Président, sauf sa trace dans l'Histoire. Avec le quinquennat, tout s'est accéléré et la campagne est devenue permanente. L'enjeu, c'est de gagner en efficacité et en démocratie, car c'est bien à cette exigence qu'il faut revenir en donnant au Président une hauteur accrue grâce à un mandat présidentiel allongé, et aux électeurs un pouvoir plus grand grâce à un mandat législatif raccourci.

Le mot de stabilité revient souvent dans votre bouche. Mais on ne sait pas toujours clairement de quelle stabilité il s'agit. En relisant le discours de Bayeux du général de Gaulle, on comprend que cette idée peut avoir au moins deux sens. Tout d'abord, la stabilité fonctionnelle de l'exécutif, afin d'éviter le jeu de chaises musicales auquel peuvent donner lieu certains régimes parlementaires. Ensuite, la stabilité de la nation et de l'État lui-même, qui impliquerait l'existence d'un arbitre, d'un personnage au-dessus de la mêlée. C'est l'idée que de Gaulle se fait du président de la République, celle*

* Discours prononcé le 16 juin 1946 à Bayeux, dans lequel de Gaulle expose ses vues en matière constitutionnelle. (*N.d.É.*)

d'une vigie qui permettrait d'éviter les ruptures et désordres dont notre pays serait trop coutumier, selon lui.

Je suis attaché à l'idée qu'il y ait au sommet de l'État une autorité qui puisse engager la nation. De Gaulle avait vécu avec douleur l'instabilité politique de la IIIe, puis de la IVe République. Il avait connu la guerre, celle de 1940, et a affronté la crise algérienne, laquelle avait contribué à l'effondrement du régime. Nos institutions doivent assurer à nos concitoyens un État solide – je n'ai pas dit fort – face à l'imprévisible. Puisque vous évoquez le discours de Bayeux, permettez-moi de vous rappeler qu'il ne comportait pas l'élection directe du Président au suffrage universel, même si, en toute logique, il la justifiait, comme l'avait lumineusement prévu Léon Blum. Or cette élection invalide en elle-même l'idée d'un arbitre au-dessus de la mêlée. Le Président est un acteur majeur. C'est lui qui fixe les grandes orientations politiques du pays et l'engage à l'extérieur. Une telle exigence n'implique cependant pas une concentration de tous les pouvoirs. Elle ne justifie pas une domination du Parlement par l'exécutif. Elle ignore les contestations au sein de la société et les partenaires sociaux qui la représentent. L'essentiel, à mon sens, est de garantir, non pas la certitude d'une résolution rapide des crises, mais la certitude que nos organes institutionnels, et notamment le chef de l'État, seront capables d'assumer, dans cette circonstance, toutes leurs responsabilités.

Cette conception gaullienne de la stabilité s'est traduite, dans la Constitution de 1958, par la possibilité donnée au Président de décider en période d'exception (c'est en particulier le sens de son article 16). Dans les moments les plus dramatiques de votre quinquennat, vous avez plutôt essayé de trouver un juste milieu entre ce qui aurait pu être une dérive décisionniste, au nom de la stabilité, et une volonté de rester le*

---

* « Lorsque les institutions de la République, l'indépendance de la nation, l'intégrité de son territoire ou l'exécution de ses engagements internationaux sont menacées d'une manière grave et immédiate et que le fonctionnement régulier des pouvoirs publics constitutionnels est interrompu, le président de la République prend les mesures exigées par ces circonstances, après consultation officielle du Premier ministre, des présidents des assemblées ainsi que du Conseil constitutionnel. » (*N.d.É.*)

plus possible dans le cadre du droit commun. On pense en particulier aux débats suscités par la mise en place de l'état d'urgence.

Quels sont les principaux périls auxquels le Président peut avoir à faire face ? Il y a la guerre. Elle paraît aujourd'hui lointaine, voire improbable, mais comment l'exclure pour le temps long ? Le président de la République dispose du droit d'engager la France dans un conflit armé, y compris en utilisant l'arme nucléaire, sans avoir à en référer immédiatement au Parlement ni à quelque autorité que ce soit, dès lors que l'ennemi a déjà engagé une frappe ou qu'une armée étrangère a envahi notre territoire. C'est au Président, et à lui seul, d'engager les feux nucléaires. C'est le fondement même de la dissuasion. Et rien dans la Constitution n'encadre cette prérogative. Je suggère d'en rester là. Car on peut supposer que, dans un tel contexte, le Président aura saisi le Parlement pour qu'il autorise la déclaration de guerre.

S'il s'agit d'une intervention de nos forces armées à l'extérieur de notre pays, le gouvernement doit informer le Parlement trois jours après le début de l'opération. Le débat n'est alors suivi d'aucun vote. Ce n'est que lorsque l'engagement excède une durée de quatre mois que l'Assemblée nationale peut décider en dernier ressort de sa poursuite.

En dehors de ces cas extrêmes, d'autres dangers peuvent survenir, comme une attaque terroriste massive, une insurrection ou une catastrophe climatique. Il existe alors plusieurs niveaux de réponses prévues au nom de la théorie des circonstances exceptionnelles sans qu'il soit besoin d'accorder les « pleins pouvoirs » à l'exécutif. Aussi, j'estime que l'article 16, qui donne toute latitude au Président pour agir par-delà le Parlement, n'a plus guère de pertinence. Il renvoie à l'homme du 18 Juin et au souvenir de la guerre, à la tentative de coup d'État des généraux* et aux mesures qui ont suivi, avec de graves conséquences en termes de respect des libertés. Songeons à l'usage détourné qui pourrait en être fait entre des mains s'affranchissant de nos valeurs démocratiques. S'il revient au

* Le 21 avril 1961, quatre généraux suivis par une partie de leurs hommes, favorables à une Algérie française, tentent de soulever l'armée. Le président de Gaulle utilise alors l'article 16 de la Constitution afin de pouvoir prendre des mesures à leur encontre. (*N.d.É.*)

Président de pouvoir prendre les mesures appropriées face à une crise majeure, elles doivent être encadrées et ne pas se confondre avec l'arbitraire – c'est là la distinction essentielle. Certes, dans le régime de l'article 16, le Parlement se réunit de plein droit, les juges administratifs (Conseil d'État et tribunaux administratifs) peuvent censurer les éventuelles atteintes aux principes généraux du droit et le Conseil constitutionnel peut à tout moment être saisi. Telles sont les garanties prévues. Pourtant ma conviction demeure : ce n'est pas en rognant les droits du Parlement, mais en s'appuyant sur lui, que l'on peut conjurer les crises. C'est une conclusion que je tire de ma propre expérience.

Ainsi, face à une attaque terroriste de grande ampleur, j'ai décidé en novembre 2015 de déclarer l'état d'urgence défini par la loi du 3 avril 1955. Il autorise perquisitions et assignations à résidence sans l'intervention préalable d'un juge. J'ai ensuite voulu que ce régime puisse être limité et encadré par la Constitution*. Cette réforme n'a pas abouti.

* L'état d'urgence, fixé par une loi du 3 avril 1955, a vu son régime largement remanié par six lois de prorogation entre 2015 et 2017. En

Néanmoins, la prolongation de l'état d'urgence a nécessité, à plusieurs reprises, l'accord du Parlement et celui-ci, à juste raison, a émis des conditions de plus en plus restrictives tout en gardant le caractère dérogatoire de certaines procédures.

Aussi, je ne vois pas de situations qui justifieraient aujourd'hui le recours à l'article 16. Le droit commun ouvre à présent des possibilités plus nombreuses que du temps du général de Gaulle. De même, dès lors que les dispositions qui relevaient de l'état d'urgence ont été depuis partiellement intégrées à la loi ordinaire, à la fin de l'année 2017, l'État dispose de l'arsenal législatif nécessaire pour agir. À moins d'imaginer que, en matière de terrorisme, les opérations administratives, par les préfets, doivent définitivement se substituer aux procédures ouvertes par des juges. Une telle dérive signifierait que la démocratie aurait alors cédé sur ses principes face à la menace.

---

mars 2016, François Hollande a renoncé au projet de révision constitutionnelle annoncé quelques mois plus tôt, qui visait à intégrer l'état d'urgence à la Constitution et à permettre la déchéance de nationalité. (*N.d.É.*)

Mais j'en reviens à l'essentiel de mes propositions institutionnelles, à savoir l'instauration d'un véritable régime présidentiel. Loin d'être une concentration du pouvoir en faveur de l'exécutif, il renforce significativement celui du Parlement puisqu'il est mis fin au droit de dissolution, à la procédure du 49-3, au recours aux ordonnances (de l'article 38), à l'article 16. Force est de constater qu'il s'agirait là d'une réécriture majeure de notre Constitution, très éloignée d'une conception présidentialiste de nos institutions.

D'autant que, en toute logique, la fonction de Premier ministre n'a plus lieu d'être, si ?

Le quinquennat l'a rendue difficile à justifier. Qui peut encore prétendre que le Premier ministre détermine et conduit la politique de la nation* ? Qui peut vraiment considérer qu'il est le chef de la majorité ? Qui peut croire qu'il tire sa légitimité de la confiance de l'Assemblée, alors qu'il est nommé et révo-

* C'est pourtant ce que prévoit l'article 20 de la Constitution : « Le Gouvernement détermine et conduit la politique de la Nation. Il dispose de l'administration et de la force armée. » (*N.d.É.*)

qué par le Président ? Mais, contrairement à bien des idées reçues, si le rôle politique du Premier ministre a décliné depuis l'introduction du quinquennat, sa place dans le système institutionnel n'a pas changé. Il est en fait le chef de l'administration. Il dispose de tous les rouages pour assumer sa fonction d'animation et de coordination interministérielle. Ainsi, c'est auprès du Premier ministre qu'est placé le Secrétariat général du gouvernement, l'organe chargé de préparer les projets de loi, les décrets, et d'enregistrer les arbitrages rendus par le Premier ministre, dont le cabinet est bien plus étoffé, pour cette raison, que celui du Président. C'est lui qui envoie les lettres de cadrage budgétaire aux ministres. C'est encore lui qui annule les crédits ou les redéploie. C'est toujours lui qui assure, avec le ministre du Budget, l'exécution de la loi de finances.

Tel est le paradoxe de nos institutions actuelles. Elles sont organisées comme si nous étions dans un régime parlementaire avec un chef de gouvernement qui contrôle l'essentiel de l'appareil d'État, alors que l'opinion croit de bonne foi que le Président détient tous les pouvoirs, prend toutes les décisions et est informé du moindre arrêté ministériel.

Sait-on que, même pour les questions de sécurité, c'est le Premier ministre qui est chargé des mesures à mettre en œuvre pour le plan Vigipirate ? C'est encore auprès de lui qu'est placé le Secrétariat général à la défense et à la sécurité nationale. A-t-on conscience que c'est le Premier ministre, et non le Président, qui autorise les écoutes administratives après avis d'une Commission nationale indépendante ?

Telle est devenue la curieuse responsabilité du chef du gouvernement : il dispose de l'essentiel de la charge de l'exécutif, mais il doit sans cesse en référer au Président, lequel ne peut rien imposer sans le consentement du Premier ministre. Cette dyarchie pouvait se comprendre avec le septennat, laissant le Président au-dessus de tout et loin de l'intendance. Elle n'est pas compatible avec le quinquennat et avec ce qu'il induit dans les relations entre le pouvoir et les citoyens.

Dans votre idée d'une nouvelle République, le Président garde-t-il l'initiative du référendum ? Historiquement, le référendum a été pensé comme un outil législatif visant à faire concourir le peuple directement à la formation de la loi, comme le propose la Déclaration des *droits de l'homme et du citoyen*. C'est un usage napoléonien, puis gaullien, qui en a fait un outil plébiscitaire.*

En l'état de notre droit, la Constitution donne au Président deux moyens de consulter le peuple français. L'article 11 concerne le domaine législatif et la ratification des traités, tandis que l'article 89 est réservé à la révision de la Constitution soit à l'initiative du Président, soit sur proposition du Parlement. Je pense que l'on peut garder ces deux voies de consultation.

Une autre a été introduite en 2008 avec le référendum d'initiative partagée. Exigeant, comme je l'ai rappelé, un cinquième des parlementaires et un dixième des électeurs pour être engagée, cette procédure a été cadenassée de manière à ne pas pouvoir être utilisée. Car, quand bien même l'initiative dépasse les seuils nécessaires aussi bien pour le nombre de parlementaires que pour celui des électeurs, elle peut trouver son terme par l'orga-

---

* Son article 6 précise en effet : « La loi est l'expression de la volonté générale. Tous les citoyens ont droit de concourir personnellement, ou par leurs représentants, à sa formation. » (*N.d.É.*)

nisation d'un simple débat parlementaire qui arrête *ipso facto* le processus référendaire. Il a été envisagé par le président Macron de garder l'esprit du référendum d'initiative partagée en abaissant les seuils : celui des parlementaires à une centaine, contre 185 aujourd'hui, et celui des citoyens (un million au lieu de 4,5). Mais le risque est alors de transformer cette procédure démocratique en mode d'obstruction au bénéfice d'une minorité parlementaire, comme on le voit sur l'initiative concernant la privatisation d'ADP, qui sera retardée, mais sans doute pas empêchée.

Mieux vaudrait garder les seuils actuels et rendre automatique la consultation du peuple français dès lors qu'ils sont franchis. Car comment parler d'un référendum d'initiative partagée s'il ne se conclut jamais par un vote du peuple lui-même ?

Des seuils, même bas, peuvent être difficiles à franchir. L'Initiative citoyenne européenne n'a abouti qu'une fois, et pourtant sa conditionnalité est encore plus faible. On pourrait*

---

* L'Initiative citoyenne européenne permet qu'une proposition soutenue par au moins un million de

aussi diminuer les conditions d'enclenchement, par exemple en ramenant à 5 ou 6 % le seuil de signatures requises, mais en imposant des conditions de validation du résultat plus exigeantes, par exemple un quorum de participation à 50 %. Dans ces conditions, le résultat du référendum ne pourrait être validé que si l'abstention est inférieure à 50 % des inscrits.

Je comprends cette exigence d'un quorum de participation à 50 %, mais je souligne que, soumis à cette condition, le quinquennat n'aurait pu être adopté puisque, lors du référendum de 2000, seul un tiers des inscrits sur les listes électorales s'était déplacé. La réforme constitutionnelle sur la Nouvelle-Calédonie en 1988 n'aurait pas davantage pu entrer en vigueur, faute d'une participation suffisante. Certes, les Français auraient sans doute été plus nombreux à se déplacer s'ils avaient été conscients de ce risque. Mais comment en être sûr ? Par ailleurs, le seuil de validation devrait valoir pour tout référendum, quelle que soit la voie choisie, car comment accepter de dis-

citoyens issus d'au moins quatre pays de l'Union européenne soit examinée par la Commission européenne. (*N.d.É.*)

tinguer l'initiative citoyenne de celle du chef de l'État ? Pourquoi un seuil plus élevé pour la première que pour la seconde ? Enfin, ce serait un précédent dangereux, susceptible de délégitimer les autres scrutins. Pourquoi introduire une telle exigence pour les référendums et ne pas l'admettre pour les scrutins locaux et nationaux ? J'y suis donc défavorable.

Il m'importe davantage de préciser le rôle du référendum dans un régime présidentiel. Il serait le moyen de réguler un potentiel conflit entre l'exécutif et le législatif. C'est pour cette raison que je propose d'ouvrir la voie à un référendum d'initiative exclusivement parlementaire, faisant le pendant avec celui dont dispose le chef de l'État, avec pour condition d'enclenchement la réunion d'une majorité des membres de l'Assemblée nationale. Ainsi mis à la disposition des différents acteurs, le recours au peuple ne viserait pas à renverser ou à dissoudre, à plébisciter ou à condamner, mais à trancher une question politique sur la base d'un texte législatif.

Est-ce suffisant, néanmoins, pour compenser le manque de participation que vous regrettiez dans nos institutions actuelles ?

Je pense qu'il serait opportun, sur certains textes, sans qu'il soit nécessaire de le préciser dans la Constitution, de convoquer une assemblée de citoyens tirés au sort, pour un temps limité. Elle débattrait non des détails du projet, mais de son orientation générale, en amont. Il ne s'agirait pas tant d'une concertation que d'une élaboration commune, sur de grands sujets, à l'exemple des lois bioéthiques qui font déjà appel à des jurys citoyens. L'exemple de la concertation sur l'écologie est intéressant à suivre. Tout dépendra des suites qui lui seront données. Le Parlement acceptera-t-il de les traduire en propositions de loi ou d'adopter les projets qui en seront la traduction ? Les mesures préconisées seront-elles des indications générales ou des changements substantiels dans notre droit et dans notre fiscalité ? Il ne suffit pas de convoquer des citoyens pour trouver de nouvelles idées, faut-il encore qu'elles soient partagées et par les élus et par le pays lui-même dans sa diversité. Ces nouvelles formules de participation n'ont d'intérêt que si elles produisent davantage de consensus que les modes traditionnels de délibération parlementaire.

Ne pourrait-on pas étendre cette logique délibérative en la greffant sur les voies référendaires ? Par exemple, en convoquant, en amont du scrutin, une assemblée de citoyens qui auraient pour fonction de rationaliser la question et d'éclairer ses conséquences. Cela permettrait d'éviter un état d'information souvent très faible, comme on l'a vu lors du Brexit au Royaume-Uni.

Convoquer une assemblée de citoyens, c'est prendre acte de la déformation de plus en plus criante de la représentation politique par rapport à la réalité de la société, c'est-à-dire à sa diversité sociale, culturelle, territoriale, professionnelle. C'est donc entendre les Français qui s'estiment loin ou ignorés des réseaux de décision. En ce sens, c'est un constat cruel et une réponse appropriée, à condition qu'il n'y ait pas de suspicion sur la sélection des citoyens ni de confusion sur les rôles ainsi distribués.

Le tirage au sort a en outre la vertu de donner à la politique une certaine innocence. Les citoyens, ainsi choisis, seraient crédités d'une forme de fraîcheur et de liberté susceptibles de les protéger des préjugés partisans ou des groupes de pression. Je veux le croire même si c'est très injuste pour les élus, qui pour la plupart sont indépendants et se déterminent sur les grands sujets en conscience. Mais une telle responsabilité suppose aussi une formation, un encadrement, un temps d'adaptation ainsi qu'une indemnisation des personnes qui y participent. L'idée de confier au Conseil économique, social et environnemental la tâche d'encadrer une telle assemblée citoyenne me paraît bonne, à condition d'être clair sur la capacité délibérante d'une telle réunion. Ce que l'on attend d'elle n'est pas de décider, mais plutôt de formuler une somme de propositions, d'exprimer ce qui a rassemblé les participants, éventuellement d'indiquer des points de divergence. Mais si l'on va trop loin, le risque est de réinventer une démocratie représentative sans la légitimité de l'élection, ni la force de la décision qui est rendue, je le rappelle, au nom du peuple français. En outre, si l'assemblée citoyenne prédélibère sur une proposition référendaire, la tentation sera forte pour elle de se prononcer sur la question !

Aussi ne faut-il pas demander à cette démarche plus qu'elle ne peut donner : un éclairage, mais pas une réponse formelle. Une préparation, mais pas une conclusion. Une association, mais pas une compétition.

L'essentiel, c'est, si je puis dire, d'élever le débat en fournissant des informations, en provoquant des interrogations et en favorisant le consensus. Une telle formule suppose aussi d'en limiter l'usage dans le temps, afin qu'elle puisse rester exceptionnelle.

Enfin, il ne peut être question, au nom de la démocratie citoyenne, d'écarter les partenaires sociaux et les forces vives de la délibération collective. Il est un lieu où ils pourraient trouver toute leur place. C'est dans la création d'une agence du long terme, nouvelle forme d'une planification stratégique dont notre pays a tant besoin pour préparer les choix d'avenir sur l'écologie, le travail, les territoires, et qui appelle la contribution de tous les acteurs économiques, sociaux, environnementaux. La nation a besoin d'objectifs partagés, d'une vision de son avenir et d'une adhésion aux enjeux planétaires primordiaux. Elle doit participer aux grands choix d'investissement, ceux qui vont déterminer le destin du pays pour au moins deux décennies. Autant elle a besoin de confrontations sur les moyens d'y parvenir, autant elle requiert un consensus sur les buts à atteindre. Cette méthode remettrait démocratie politique, démocratie sociale et démocratie participative en harmonie.

Que diriez-vous d'un droit d'interpellation des corps délibérants, plus fort que l'actuel droit de pétition auprès de l'Assemblée nationale, peu utilisé ? Un nombre requis de citoyens pourrait exiger du Parlement qu'il débatte d'un sujet ou qu'il examine un projet de loi.

Pourquoi ne pas envisager, en effet, que le Parlement délibère d'une question portée par une pétition comportant plus d'un million de signatures, en demeurant libre de voter ou non dans le sens indiqué et avec, comme toujours, le filtre du Conseil constitutionnel ? Cette procédure resserrerait le lien entre les citoyens et leurs représentants, à la condition qu'elle ne devienne pas une facilité pour un certain nombre de groupes, pas forcément bien inspirés, pour saturer le débat parlementaire en multipliant les pétitions.

Revenons un instant au modèle américain. Aux États-Unis, les institutions fonctionnent relativement bien dans un paysage politique bipolarisé. Or, cela pourrait changer si modérés et radicaux venaient à s'affronter davantage au sein de chacun des deux camps. Ce qui est en jeu, dans le cas américain comme dans le modèle que vous proposez, c'est la capacité de l'exécutif et du législatif à trouver un consensus. Cette capacité est essentielle dans un régime où chaque pouvoir ne peut contraindre l'autre. Quel mode de scrutin est, selon vous, le plus adapté à cette situation ?

Dans mon esprit, la question de la stabilité est centrale dans le fonctionnement de nos institutions. Elle se trouverait du côté du Président qui serait élu pour six ans et qui ne pourrait pas être démis ni renversé par le Parlement. En revanche, si l'Assemblée ne disposait pas d'une stabilité comparable, elle ne pourrait jouer pleinement son rôle. Une représentation éclatée en son sein la priverait d'une majorité cohérente et, paradoxalement, offrirait au Président l'opportunité de jouer avec les uns ou avec les autres selon les textes et les sujets. C'est la bipolarisation qui permet aux États-Unis de connaître un équilibre institutionnel depuis des décennies. J'estime donc que le scrutin majoritaire à deux tours pour les élections législatives a la vertu d'obliger à des alliances ou à des accords de désistement, et favorise cette bipolarisation qui est la condition pour une vie parlementaire intelligible pour les citoyens et pertinente pour la démocratie.

C'est pour cette raison que je ne suis pas partisan d'introduire une dose de proportionnelle pour corriger les effets du scrutin majoritaire. Dans le cas allemand, où l'on combine scrutin uninominal et scrutin de listes*, ce système électoral fonctionne de moins en moins bien, car l'offre partisane est plus diversifiée que par le passé. L'abandon du scrutin majoritaire au bénéfice de la proportionnelle serait, contrairement à une idée reçue, une étape de plus dans l'affaiblissement des partis de gouvernement au bénéfice des extrêmes.

Nous aimerions mieux comprendre votre position sur la proportionnelle à la fois dans le contexte de nos institutions actuelles et dans la perspective du nouveau régime que vous

---

* En Allemagne, pour les élections au Bundestag, chaque électeur vote deux fois avec le même bulletin dans sa circonscription : pour un candidat, ce qui correspond à un scrutin uninominal à un tour, et pour une liste nationale. S'ensuit une répartition des élus afin que les partis ayant obtenu plus de 5 % soient représentés à proportion des voix qu'ils ont recueillies. (*N.d.É.*)

esquissez. Vous avez défendu l'option d'une dose de proportionnelle dans le scrutin législatif en 2012 dans vos soixante engagements. Avez-vous changé d'opinion ?

Oui, car une dose de proportionnelle ne changerait rien à la composition de l'Assemblée nationale, sauf à éloigner un peu plus les députés de leurs électeurs. Le vrai sujet, c'est la proportionnelle intégrale à l'échelle régionale. J'y suis opposé. Ce qui se passe en Espagne confirme, s'il en était besoin, mon point de vue. Les institutions actuelles supposent, pour que le Président puisse agir, qu'il dispose d'une majorité. Ce nouveau mode de scrutin ruinerait cette perspective. Dans le contexte politique que nous connaissons en France, la proportionnelle aboutirait à donner aux extrêmes – essentiellement, d'ailleurs, au Rassemblement national – une place qui rendrait aléatoire la formation d'une majorité cohérente, sauf à imaginer la constitution de coalitions hétéroclites. Ce qui peut être le but ultime de ceux qui ne conçoivent la bipolarisation qu'entre les démocrates (affublés pour l'occasion du label progressiste) et les souverainistes, autour des logiques d'ouverture ou de fermeture, oubliant qu'à un moment les électeurs cherchent une alternative et que l'opposition, même la plus radicale, peut devenir un jour majoritaire.

Dans le régime présidentiel, l'introduction du scrutin proportionnel aurait moins de conséquences. Le chef de l'État pourrait même travailler avec les différents partis représentés au Parlement pour trouver des majorités (pas toujours les mêmes) sur chacun de ses textes. Il serait amené à composer, pour mener ses réformes, mais la stabilité de l'exécutif ne serait pas en cause. C'est le Parlement qui en souffrirait, davantage que le Président, puisqu'il serait soumis à toutes les combinaisons. Il n'empêche que je reste convaincu que, pour des raisons de clarté et de cohérence, le scrutin majoritaire est préférable à tout autre.

La crise que connaissent les partis de gouvernement, ce qu'on appelle la gauche et la droite, ne sera pas réglée par la dispersion et la fragmentation de la vie politique. Pas davantage par la confusion dans des regroupements factices. La solution, ce n'est pas d'amplifier encore l'éclatement de la représentation politique au Parlement. L'urgence, c'est de réanimer, de clarifier et, si possible, de réenchanter le choix électoral autour de clivages authentiques et réalistes.

La question de la représentation demeure centrale, ce qui nous ramène à la place et au rôle des partis. Qu'est-ce qui, dans votre proposition, pourrait les remettre au centre du jeu politique ?

Concernant l'élection présidentielle, les partis sont confrontés à la nécessité d'un ressaisissement. S'ils abandonnent la désignation de leur candidat à des primaires, ils se perdent. S'ils s'accrochent à des procédures internes, ils disparaissent. Le dilemme paraît fatal dans tous les cas de figure. Aussi leur destin repose-t-il sur l'affirmation d'une pensée, sur la clarification d'une stratégie à travers des alliances assumées et sur le choix d'un leader pour l'incarner, c'est-à-dire une candidature à la présidentielle. Il n'y a pas d'autre issue. Je maintiens que les institutions réformées, comme je le propose, conduiraient les partis à reprendre une place importante dans le débat public. Ne pouvant plus simplement soutenir ou combattre le Président, ils devraient investir un Parlement rehaussé en portant des projets et en élaborant des réformes – une fonction qu'ils ont progressivement concédée à l'exécutif. Autrement dit, la concurrence n'aurait plus lieu entre le Président et son opposition, avec une majorité atone, comme c'est le cas depuis les années 2000. Mais entre les grandes formations politiques au sein d'un Parlement revigoré. La vie politique reviendrait vers les assemblées et ne se situerait plus exclusivement dans les médias comme aujourd'hui. Ainsi, la coupure entre les partis et les groupes parlementaires, chacun avec son chef, n'aurait plus de sens.

Mais, j'en conviens, les institutions ne peuvent régler, par elles-mêmes, les questions qui relèvent de la ligne politique et de l'organisation des grandes familles politiques de notre pays. C'est à elles de traduire les aspirations d'un pays en propositions, et de trouver des talents pour les faire vivre. C'est à elles de modifier profondément leurs rapports avec les citoyens et de formuler des explications du monde qui justifient leur engagement. C'est à elles d'accueillir les nouveaux courants de la jeunesse et la diversité culturelle et sociale de la France. C'est à elles de donner à la question climatique non seulement la place dans les discours, mais les réponses qui sont nécessaires dans tous les choix publics.

Dans votre état des lieux de la Vᵉ République, pourtant, vous pointiez comme en la regrettant l'absence de coalitions entre les partis. Vous ne l'évoquez plus ici.

À l'aune de ce qui se passe depuis plusieurs années avec un parti dominant à l'Assemblée, mais qui est loin de l'être dans le pays, l'idée de coalition me semble nécessaire pour donner au chef de l'État une capacité d'agir sur le long terme avec un appui solide de l'opinion. Cette logique me paraît valoir également dans le régime présidentiel que j'appelle de mes vœux. C'est au Président, dès qu'il est élu, de formuler une telle proposition avant même les élections législatives, pour signaler clairement aux partis qui seraient prêts à s'engager à ses côtés qu'ils se présenteront ensemble devant les électeurs avec un accord de gouvernement.

Puisque vous nous tendez la perche, que pourrions-nous changer dans la Vᵉ République pour en corriger les dysfonctionnements si nous écartions la perspective d'une nouvelle Constitution ?

C'est surtout du côté du Parlement que l'on devrait apporter les améliorations les plus significatives. Je propose d'élargir son pouvoir d'investigation, d'évaluation et d'initiative, y compris en levant les contraintes qui pèsent sur le droit d'amendement. En contrepartie, il serait nécessaire d'alléger et de raccourcir la procédure législative. Comment admettre qu'une loi nécessite plus de six mois pour être votée ? Comment justifier la répétition des débats en commission et en séance publique ? Comment comprendre la longueur des navettes entre l'Assemblée et le Sénat ? Pour conjurer cette lourdeur, les gouvernements successifs ont fait systématiquement usage de la procédure accélérée de manière à abréger le travail parlementaire, et ils font un recours croissant aux ordonnances qui leur permettent, avec l'autorisation formelle du Parlement, de prendre eux-mêmes des mesures qui sont normalement du ressort du législateur. C'est un détournement préoccupant. Il serait également souhaitable de donner au Parlement, y compris à l'opposition, la possibilité de prendre l'initiative de lois, plutôt que de maintenir la fiction de jours dédiés aux propositions de loi dont on s'assure qu'elles ne viendront jamais à leur terme.

Une autre voie consisterait à renforcer les dispositifs de contrôle. L'affaire Benalla a montré que des commissions d'enquête, avec des auditions fortement médiatisées, pouvaient contribuer à la recherche de la vérité sans confusion avec le travail de la justice. Je propose que les commissions parlementaires, ou une commission *ad hoc*, vérifient la bonne application des lois et leur effectivité. Trop de temps est consacré à la discussion sur les textes et trop peu à leur mise en œuvre et à leur évaluation, d'où le grand nombre d'amendements votés qui sont ensuite annulés par le Conseil constitutionnel, car n'ayant plus rien à voir avec l'objet du texte.

Quant à la réduction drastique du nombre de parlementaires, je n'y suis pas favorable. Elle ne changerait rien au fonctionnement des assemblées. Elle ne réduirait pas le temps d'examen des textes, et ne conférerait pas davantage de marge de manœuvre aux députés. Par ailleurs, une telle diminution des effectifs provoquerait un éloignement encore plus prononcé des députés par rapport à leur territoire, avec des circonscriptions moins nombreuses et plus grandes. Je ne sous-estime pas l'effet d'annonce – il rencontre forcément les vœux d'une partie de l'opinion, qui trouve que la démocratie coûte bien cher –, mais il y en aura encore qui jugeront que c'est toujours trop. L'antiparlementarisme a un appétit insatiable et finira, si on continue à l'alimenter, par dévorer l'essentiel de la République.

C'est du lien entre le député et l'électeur qu'il s'agit ici. Le scrutin uninominal est censé permettre l'identification des électeurs à une personne. Or, en 2007, en 2012 ou en 2017, aux élections législatives, les électeurs ont voté pour confirmer un Président, beaucoup plus que pour désigner une personne qui les représente à l'Assemblée nationale... Dans ces conditions, ce lien n'est-il pas de plus en plus une fiction ?

En effet, avec le calendrier tel qu'il est organisé, les élections législatives ne sont plus que la confirmation de la présidentielle. Il s'agit soit de permettre au nouveau Président d'agir, soit de l'empêcher. C'est la seule option laissée aux électeurs. Le rôle du député comme interlocuteur des citoyens est perdu de vue. Les députés de La République en marche ont eu tort de considérer, au moins dans un premier temps, que leur mandat était national (ce qui est vrai) et que leur mission les appelait essentiellement à siéger au Palais-Bourbon plutôt que d'arpenter le territoire de leur circonscription. Ouvrir une permanence, aller aux réunions d'associations, accompagner les maires, cette tâche fait pourtant pleinement partie du travail du député. J'entends parfois que l'on serait allé trop loin dans les règles de non-cumul des mandats, mais je rappelle que le député ou le sénateur peut toujours être conseiller municipal, départemental ou régional, et surtout qu'un député peut faire un véritable travail local sans diriger un exécutif. Ce qui compte, c'est l'enracinement et la connaissance de la réalité de la vie des citoyens que les élus représentent. Ce n'est pas le cumul des responsabilités.

De nombreux progrès ont été accomplis pour financer de façon transparente la vie politique. Et pourtant, des suspicions demeurent sur l'influence des intérêts privés ; certains abus ou manquements ne justifient-ils pas, là aussi, des évolutions ?

La démocratie a un coût. L'ignorer, c'est faire le jeu des puissants ou offrir à des États étrangers une capacité de manœuvre. Après bien des « affaires », qui n'ont pas peu contribué au discrédit sur la politique, la France a mis en place des lois de financement qui plafonnent les dépenses électorales*, écartent les entreprises de toute intervention, limitent les dons privés et prévoient un subventionnement public en fonction des résultats électoraux.

À l'expérience, cet équilibre a plutôt bien tenu ; les contrôles ont pu mettre au jour et sanctionner les dépassements, et même ordonner les remboursements. La justice est d'ailleurs saisie d'un cas concernant l'élection présidentielle de 2012.

Le système demeure néanmoins perfectible si l'objectif est bien d'éviter des inégalités trop flagrantes entre les candidats et d'offrir au citoyen, même le plus modeste, la possibilité de soutenir le parti ou la personnalité de son choix.

Il a été, à juste raison, fait valoir que les plafonds relatifs aux dons des personnes privées aux partis (7 500 euros par an) et aux

* Pour l'élection présidentielle, les candidats ne peuvent pas dépenser plus de 16,851 millions d'euros, et 22,503 millions en cas de qualification au second tour. (*N.d.É.*)

campagnes électorales (4 600 euros) étaient trop élevés et avantageaient donc les formations politiques (ou les micro-partis) capables de mobiliser les catégories les plus favorisées de la société. Il a été aussi relevé que l'avantage fiscal associé aux dons (66 % du montant en réduction d'impôt) revient à inciter davantage les revenus les plus élevés, qui peuvent en faire le meilleur usage, que les plus modestes, qui en sont dépourvus. Comment aussi comprendre que, sous prétexte de dons privés, c'est l'État qui fait sur chaque contribution l'essentiel de l'effort ? Ce mécanisme aboutit en fait à doubler de manière insidieuse et incontrôlée le montant du financement public, et à en déconnecter une bonne part des résultats électoraux. Je propose donc de baisser le plafond des dons privés à 1 000 euros et de supprimer entièrement la réduction d'impôt qui lui est liée. En contrepartie, le subventionnement public aux partis serait augmenté d'autant, ce qui faciliterait l'accès au crédit bancaire des candidats aux élections nationales comme locales, car la garantie d'un remboursement serait sérieusement réévaluée.

Cette réforme aurait là un double avantage : elle favoriserait une plus grande égalité entre les formations politiques et elle encouragerait l'engagement citoyen. Mais elle ne réglerait pas, j'en suis conscient, le sujet de la représentation sociale des assemblées et de l'accès des catégories populaires aux fonctions politiques.

La crise de la représentation touche aussi les élus locaux. N'estimez-vous pas venu le temps d'une étape ultime de décentralisation qui clarifierait les rôles de chaque niveau de l'administration ?

De même que le travail du Parlement doit être revalorisé, la place des collectivités locales doit être pleinement reconnue. Pour la consacrer, je propose de regrouper le même jour toutes les élections locales (commune, département, région), avec le même mode de scrutin. Cette coïncidence des dates serait aussi une reconnaissance de leurs missions. Elle irait dans le sens des réformes menées durant mon quinquennat, qui a privilégié l'échelon régional et donné une taille suffisante aux intercommunalités.

Vous n'évoquez pas le département. Pensez-vous qu'il faille le conserver, alors qu'il fait surtout office de guichet social aujourd'hui ?

Je suis attaché au département en ce qu'il rappelle la présence de l'État sur le territoire, autour des préfets, et en ce qu'il confère à cette collectivité locale un rôle de proximité pour assurer la solidarité du quotidien, notamment pour les familles et les personnes dépendantes. Cet échelon a d'autant plus de pertinence que la taille des régions a été élargie. D'une certaine façon, les grandes régions ont sauvé les départements.

Quant à l'avenir, deux options sont ouvertes. La première serait de faire des conseils départementaux la collectivité du développement durable, de la gestion de l'environnement et du soutien aux communes. Mais le risque est de créer une compétition avec les intercommunalités, qui vont de plus en plus s'affirmer. La seconde option, que je privilégie, est de confier au département toutes les compétences sociales de proximité, y compris ce que font actuellement l'État et les Caisses d'allocations familiales sur le plan territorial. Il y a aujourd'hui trop d'acteurs en ces domaines. Ainsi, sur l'enfance en difficulté, le département, l'État, parfois les CAF interviennent... Comment comprendre ? Le département serait alors allégé du reste : les collèges relèveraient de la région, qui a déjà en charge les lycées ; l'entretien des routes et les transports scolaires reviendraient soit à la région, soit aux intercommunalités. Je ferais donc du département la grande collectivité sociale de notre pays.

Parallèlement, plutôt que d'affaiblir les intercommunalités, je poursuivrais les mesures qui incitent à l'intégration des compétences. La crise qui s'est révélée avec les Gilets jaunes est d'abord territoriale. Trop d'inégalités entre les métropoles et les espaces ruraux, mais aussi à l'intérieur des villes, ce qui montre la nécessité de trouver des solutions à cette échelle. J'estime inévitable que les exécutifs des intercommunalités soient élus directement par les citoyens lors des élections municipales, sur le modèle des métropoles.

Aussi, à l'évolution de nos institutions doit s'ajouter un grand mouvement de décentralisation. Il devra être appuyé par un redéploiement et une amplification du soutien de la nation aux territoires et aux populations qui y vivent et qui exigent d'être respectées dans leur juste aspiration à l'égalité et à la réussite.

Les propositions que vous défendez consistent en un changement radical de notre modèle politique et institutionnel. Mais la démocratie est-elle à ce point en danger qu'il faudrait, à toute force, la sauver jusqu'à changer nos institutions qui, si elles ont leurs défauts, ne sont pas la cause des malheurs que rencontrent la plupart des gouvernements ?

Le mal est profond, car il touche à l'essence même de la conception de notre vie en commun : l'égalité – au moins dans l'accès aux droits fondamentaux –, la liberté de conscience et le respect des règles dans une communauté de destin, ces principes qui ont tenu nos sociétés depuis la fin de la Seconde Guerre mondiale sont devenus de plus en plus fragiles à mesure qu'ils étaient de moins en moins défendus et de moins en moins partagés. C'est de l'intérieur que les démocraties sont menacées, y compris, dans certains cas, par leurs propres dirigeants.

Les dictatures vivent en symbiose avec le nationalisme. Il est leur moteur et leur justification. Les démocraties, à jouer avec lui, peuvent perdre bien plus que leur âme : leur raison d'être. Elles sont donc confrontées à l'urgence d'inventer un nouveau ciment qui lie les citoyens entre eux et les nations entre elles. Une cause qui, comme le progrès, la croissance, la protection sociale ou le plein-emploi, tout au long des dernières décennies, puisse forger une adhésion non pas à un système économique, mais à un mode de gouvernement fondé sur le respect, l'engagement et la délibération collective qui fait de l'individu un citoyen.

La conscience planétaire autour de la lutte contre le réchauffement climatique peut-elle être cette grande cause-là, comme l'ont été la redistribution des richesses et l'émancipation des personnes par le passé ?

Oui, dès lors qu'elle nous rend tous éco-citoyens du monde. Sûrement, pour justifier une organisation économique et sociale qui fasse de l'exigence de la survie de l'humanité un levier pour inventer de nouvelles solutions. À l'évidence, pour susciter et livrer de nouvelles formes d'engagement qui peuvent conforter une démocratie asphyxiée par les conservatismes et polluée par les manœuvres de groupes de pression et la multiplicité des intérêts.

Mais il y aurait quelque naïveté et, pire, quelque illusion à penser que l'écologie serait, si je puis dire, « par nature » démocratique. De grands pays aujourd'hui, bien loin de nos idéaux de liberté, partagent le constat de l'urgence planétaire et considèrent que leurs régimes sont bien plus efficaces pour parvenir aux objectifs recherchés en ce domaine que les vieilles démocraties.

Ce scepticisme sur la démocratie peut être partagé par des franges radicales du mouvement écologiste...

En effet, il en est même parmi les catastrophistes, les collapsologues et les tenants de l'effondrement qui considèrent que la liberté individuelle vaut moins que la survie de l'espèce et que, en conséquence, la démocratie est un frein pour contraindre les comportements humains à endiguer la fin du monde.

Sans aller jusque-là, des militants de bonne foi contestent les décisions publiques au prétexte que les élus n'en font pas assez pour la préservation de l'environnement ou en font trop pour la productivité. Ce peut être pacifique mais paralysant avec la désobéissance civile, ce peut être violent avec le « zadisme » ou les démolitions, voire les agressions commises au nom d'une nouvelle légitime défense. Si la maison brûle, que valent les titres de propriété et les règles communes, puisqu'il ne restera rien après ?... Si les générations futures sont vouées à une disparition lente mais certaine, que pèsent les droits des générations actuelles ? Si le sort de la planète est en péril, que représentent encore les institutions, qu'elles soient nationales, européennes ou mondiales ?

Sur ce terrain-là aussi, le combat doit être mené. La démocratie est la réponse, et non le problème. Elle a été capable de régler la question religieuse, avant qu'elle ne resurgisse récemment. Elle a montré sa force d'intégration des classes laborieuses, qui ont pu accéder à des droits que le capitalisme sans règles leur déniait. Elle a surtout prouvé sa supériorité face aux totalitarismes, y compris sur le plan militaire. Elle a chahuté les dictatures, sans les abattre toutes, et elle ne serait pas le régime le plus approprié pour mobiliser les citoyens et assurer, dans la justice, la solidarité et le respect, la transition écologique ? Ce serait une terrible démission d'en douter. Au contraire, cette grande cause peut permettre de réinventer la démocratie en associant davantage les citoyens, en décentralisant les décisions, en ouvrant de larges débats publics, en élevant le niveau de formation et d'éducation, en prenant appui sur la jeunesse du monde. Elle peut y trouver une nouvelle vitalité.

Au regard de ce constat et de ces tendances, gardez-vous confiance dans l'avenir de la démocratie ?

Une course est lancée, à l'échelle du monde, pour accélérer la mutation de nos échanges et de nos modes de production, au niveau de chaque pays, pour transformer les prises de conscience en prises de responsabilités et de décisions. Elle ne sera gagnée que si un vaste effort de cohésion et de solidarité est engagé dans la lutte contre les inégalités pour que chacun devienne acteur de son propre destin, c'est-à-dire de son environnement le plus immédiat. On en est loin ! Et elle ne sera définitivement remportée que si la défiance qui s'est installée entre les citoyens et les institutions, et donc leurs représentants, est levée.

Beaucoup relève des forces politiques, de leur capacité à forger de nouvelles ambitions collectives et à nouer des relations respectueuses avec le pays tout entier, avec la créativité qui surprend et la crédibilité qui rassure. La démocratie est fondée sur la confrontation d'idées, sur le choix et donc sur les partis politiques. De leur avenir dépend tout le reste. Les institutions peuvent y contribuer puissamment. Aujourd'hui, elles ne donnent qu'une apparence de stabilité et de robustesse à un système devenu de plus en plus fragile et volatil. Elles creusent le fossé entre les citoyens et leurs représentants, sans que leur autorité s'en trouve consolidée. Elles concentrent et centralisent le pouvoir quand son efficacité suppose qu'il soit partagé.

Mais, à la fin des fins, la démocratie est une entreprise collective. Son avenir est entre nos mains. Elles doivent être fermes et ouvertes.

Cet ouvrage a été imprimé en France par
CPI Brodard & Taupin
Avenue Rhin et Danube
72200 La Flèche (France)

pour le compte des Éditions Fayard
en octobre 2019

Photocomposition Nord Compo

Fayard s'engage pour l'environnement en réduisant l'empreinte carbone de ses livres. Celle de cet exemplaire est de :
0,300 kg éq. CO_2
Rendez-vous sur www.fayard-durable.fr

PAPIER À BASE DE FIBRES CERTIFIÉES

N° d'édition : 18-7585-3/02 - N° d'impression : 3036532